천수경의
신묘장구대다라니

千手經 神妙章句大陀羅尼

박지명

영남대 국문과를 졸업하고 1974년부터 인도명상을 시작하였다. 오랫동안 인도에 머물면서 상카라촤리야 (Shankara charya)와 아드바이트 마트(Advait Mat) 법맥인 스승 스와미 사라바다난드 마하라즈(Swami Sarvadanand Mahaaraj)에게 인도명상과 인도의 수행체계와 산스크리트 경전을 공부하였다. 현재 산스크리트 문화원(Sanskrit Cultural Institute)과 그 부설인 히말라야명상센터(Himalaya Meditation Center)를 세워 자아회귀명상(自我回歸冥想) 인 <스바 삼 비드야 드야나(Sva Sam Vidya Dhyana)>를 가르치고, 산스크리트 경전들을 번역하며 보급하고 가르 치고 있다.

저서로는《바가바드 기타》(동문선),《요가수트라》(동문선),《우파니샤드》(동문선),《베다》(동문선),《반야심경》 (동문선),《범어 불교진언집》(하남출판사),《범어 능엄주진언》(하남출판사),《인도호흡명상》(하남출판사),《양·한방 자연요법 내 몸 건강백과》(웅진윙스),《호흡명상》(물병자리),《명상교전─비그야나바이라바 탄트라》(지혜의 나무) 등이 외 다수가 있으며, 역서로는《모든 것은 내 안에 있다》(지혜의 나무),《히말라야성자들》(아힘신),《요가》(하남 출판사),《자연요법백과 시리즈》(하남출판사),《마음 밖에는 아무것도 없다》(물병자리) 등 외 다수가 있다.

● 홈페이지 www.sanskrit.or.kr / 전화 02-747-3351

이서경

아메리카 산스크리트 인스티튜트에서 공부하였으며, 뉴욕대학교 언어학을 전공하였다. 인도 무자파나가르대 학원 베다음성학 석사, 인도 판디트 세바람 갈그에게 산스크리트 사사, 인도 브라흐마차리 라젠드라에게 산스 크리트 사사, 한국 박지명 선생에게 산스크리트 원전 해석과 스리비드야 이론 및 수행체계 사사하였다. 산스크 리트문화원(Sanskri Cultural Institute) 수석 연구원이다.

저서로는《범어 불교진언집》(하남출판사),《요가수트라》(동문선),《베다》(동문선),《반야심경》(동문선),《명상교 전─비그야나바이라바 탄트라》(지혜의 나무)가 있다. 또한《건강재테크》(지혜의 나무),《양·한방 자연요법 내 몸 건강백과》(웅진윙스)의 편집을 맡았다.

범어 신묘장구대다라니

지은이 | 박지명 · 이서경 편저
펴낸이 | 배기순
펴낸곳 | 하남출판사

초판1쇄 발행 | 2017년 8월 31일
초판2쇄 발행 | 2023년 4월 30일
등록번호 | 제10-0221호

서울시 마포구 도화동 173(삼창프라자) 1521호
전화 (02)720-3211(代) | 팩스 (02)720-0312
홈페이지 http://www.hnp.co.kr
e-mail : hanamp@chollian.net

ISBN 978-89-7534-237-0(93220)

천수경의
신묘장구대다라니

आर्यावलोकितेश्वराया महा कारुणा धारनि

Āryavalokiteśvārayā Mahā Kāruṇā Dhārāni

아르야발로키테스바라야 마하 카루나 다라니

千手經 神妙章句大陀羅尼

 하날출판사

산스크리트어 신묘장구대다라니를 펴내며

"아르야발로키테스바라야 마하 카루나 다라니(Āryavalokiteśvārayā Mahā Kāruna Dhārāni)"의 아르야발로카(Āryavaloka)는 '바라보다' 또는 '관조하다'는 뜻이며, 스바라(Śvāra)는 '소리'이다. 즉 '소리를 바라본다'는 것이며 관음(觀音), 광세음(光世音), 관자재(觀自在)이다. 신묘장구대다라니(神妙章句大陀羅尼)는 천수경(千手經)에 들어 있는 중요한 만트라 또는 진언(眞言)으로서 천수경의 중심이자 핵심으로 알려져 있다.

관세음보살을 칭송하는 이 신묘장구대다라니에는 신묘한 힘이 있어 누구나 간절히 이 대다라니를 계속적으로 반복해서 외우고, 낭송하거나 지송(持誦)하면, 괴로움으로부터 벗어나고, 지혜를 얻고 그 뜻하는 바를 원하는 대로 얻을 것이라고 하였다. 또한 이 다라니는 신기하고 미묘하며, 불가사의한 내용을 담고 있는 거대하고 위대한 뜻이 언제나 간직되고 잊어버려지지 않는다고 하여 '총지(總持)'라고도 하였다.

다라니는 원래 마음을 '하나로 모으는' 또는 '집중하는'이라는 뜻의 산스크리트어 '다라나(Dhārāna)'로부터 유래된 말인데, 이것이 불교에서는 전체적인 것을 내포하는 의미로 발전되었다.

이 신묘장구대다라니에 대해 삼장법사인 현장(玄奘)스님은 이 다라니는 '심오한 것'이라고 하여 번역을 하지 않았으며, 인도스님이자 삼장법사인 불공(不空)스님으로 산스크리트어로는 아모가바즈라(Amogavajra)스님 또한 그런 의미에서 이 다라니의 일부만을 번역하였다.

그런데 우리나라 조선시대의 망월사본(望月寺本) 진언집(眞言集)에는 이 산스크리트어의 변형어인 싯담(Sidham)어가 존재하여 왔고, 지금까지 이 것을 주축으로 신묘장구대다라니의 여러 해석본이 나왔다. 이러한 것들은 불교혼성범어(佛敎混成梵語)와 싯담어와 불교 및 한국어를 연구하는 데에도 많은 도움이 될 것으로 본다.

예로부터 불교에서는 신묘장구대다라니를 번역하지 말고 전해 내려오는 그대로 외우라고 하였으나, 그 글자가 산스크리트어이며 실제로 그 뜻이 있는 것이기에 어느 정도의 의미는 알고 실천하는 다라니가 되었으면 하는 마음으로 이 다라니에 대한 산스크리트어 번역을 하게 되었다.

이 신묘장구대다라니는 관세음보살을 칭송하는 다라니이다. 다라니는 순수한 소리인 만트라(Mantra)와 뜻을 겸비한 경전인 수트라(Sutra)의 형태를 모두 가지고 있기 때문에 소리와 뜻, 둘 다를 기억하고 낭송하고 외운다면 좋을 것이다.

절에서는 많은 사람들이 매일매일 천수경을 낭송하고 거기에 포함된 신묘장구대다라니를 반복함으로써 삶에서 그들의 카르마(Karma)또는 업장(業障)인 스트레스와 장애가 해소되기를 기원하면서 기도를 한다.

이 책을 작업함에 있어 일반적으로 불자들에게 가장 친근한 천수경의 핵심 신묘장구대다라니가 불자들 뿐만 아니라 불자가 아닌 사람들에게도 더 친근하게 다가가길 바라는 마음으로 임하였으며, 가능하면 산스크리트어의 원음과 뜻에 다가가려고 하였다.

아르야발로키테스바라(Āryavalokiteśvārayā)가 관세음보살(觀世音菩薩), 관음보살(觀音菩薩), 관자재보살(觀自在菩薩), 관세음(觀世音), 광세음(光世音), 관세자재(觀世自在), 관세음자재(觀世音自在)와 같은 여러 다양한 이름을 가지고 있는 것처럼, 불교는 모든 종교를 품어주는 위대한 종교이자 과학이다. 천수경의 위대한 서원(誓願)이나 어구(語句)들은 이 신묘장구대다라니와 잘 어울려 하나의 경전으로 결집되었다.

천수경은 반야심경과 더불어 동북아의 대승불교나 티베트의 밀교에 지대한 영향을 준 경전이다. 이 신묘장구대다라니의 주인공이신 천수천안(千手千眼)의 눈과 팔을 가진 관세음보살의 가피로 힘든 세상을 지혜롭게 잘 넘어가길 바라며, 모든 이의 삶이 평온하기를 바란다.

그리고 이 신묘장구대다라니 진언집을 언제나 지혜로운 말로 감화를 주시는 손지산 형님과 서말희 형수님에게 바치며 언제나 옆에서 책이 나오기를 조언해주던 제자인 이정훈, 남경언, 김영창, 이수진, 정진희, 김윤정 씨와 그 가족들 그리고 하정자, 최효겸, 강승찬씨에게 바친다.

또한 신념을 가지고 출판해준 하남출판사 사장님과 힘든 산스크리트와 실담어 편집 작업에 노고가 많은 편집장님께 감사드린다. 세상을 떠난 나의 부모님과 형님 그리고 제자들의 영정에 이 책을 바친다. 마지막으로 나의 가족에게 이 책을 바친다.

박지명 · 이서경

신묘장구대다라니(神妙章句大陀羅尼)에 대하여

　신묘장구대다라니는 인도, 티베트, 중국, 한국, 일본 등에서 여러 종류의 다라니로 존재한다. 티베트에는 49구 대비주(大悲呪), 일명 십일면관음주 (十一面觀音呪)가 있으며, 중국에는 84구 대비주인 천수천안관세음보살광대원무애대비심근본다라니경(千手千眼觀自在菩薩廣大圓滿無崖大悲心大陀羅尼經)과 금강지삼장법사(金剛智三藏法師) 번역본인 천수천안관세음보살광대원무애대비심근본다라니주(千手千眼觀自在菩薩廣大圓滿無崖大悲心大陀羅尼呪) 113구의 대비주가 있다.

　티베트의 49구 대비주에서는 십일면관음을을 칭송하였고, 중국의 84구 대비주는 관세음보살을 칭송하였으며, 113구 대비주는 닐라칸라 다라니 (Nilakara Dharani)라고도 하는데 당나라 시대의 삼장법사 현장스님이 직접 인도에서 가져온 다라니로서 지금의 우리나라에서 천수경에 쓰는 신묘장구대다라니와 유사하다.

관세음보살의 핵심인 신묘장구대다라니경은 <천수경>이라고 불리는 경전 즉, 천수천안관자재보살광대원무애대비심근본다라니경(千手千眼觀自在菩薩廣大圓滿無㝵大悲心大陀羅尼經), 산스크리트어로는 '사하스라라부자사하스라라네트라(Sahasrarabhujasahasraranetra)'에 있는 만트라이자 다라니이며 주문(呪文)이다.

천수경(千手經)의 '천수'는 천 개의 손과 눈인 천수천안(千手千眼)을 줄여서 한 말인데, 이것은 천 개의 손과 천 개의 눈을 갖고 계신 관세음보살을 표현하는 것이다. 관세음보살은 중생들을 천 개의 눈으로 보고 천 개의 손으로 어루만져, 고통의 바다에서 벗어나게 해주는 한계없는 자비심으로 가득찬 성스러운 어머니를 말하는 것이다.

관세음보살은 산스크리트어 아르야발로키테스바라(Āryavalokiteśvārayā)의 한역(漢譯)으로서, 구마라습(鳩摩羅什)으로 알려진 인도스님 쿠마라야나(Kurmarayana)가 번역한 구역(舊譯)에서는 관세음보살(觀世音菩薩)로 번역되었다가 당나라의 현장(玄奘)스님이 번역한 신역(新譯)에서는 관자재보살(觀自在菩薩)로 번역되었다.

이 두 번역본은 지금도 널리 사용되고 있는데, 우리가 독송하는 반야심경은 현장스님이 번역한 신역본이기 때문에 '관자재보살'로 불리고 있으며, 천수경에서는 구마라습 삼장이 번역한 '관세음보살'로 불리고 있다. 그리고 우리나라 조선시대의 망월사본 진언집에는 신묘장구대다라니의 실담어 경전이 언문으로 번역되어져 있는데, 그것은 산스크리트어가 한국어로 번역되는 과정을 볼 수 있는 중요한 문헌이기도 하다.

아발로키테스바라를 한역한 관자재(觀自在)라는 것은 '보는데 자유롭다'라는 뜻이며, 관세음(觀世音)은 '세상의 소리를 본다'라는 뜻으로 해석할 수 있다.

신묘장구대다라니에 나오는 산스크리트의 어원들이 힌두교의 시바신 또는 비쉬누신의 이름이나 상징들과 비슷하다 말하기도 하는데, 그러한 것은 인도문화와 불교문화의 밀접한 교류 때문일 것이다.

인도에서는 불교학자인 로케쉬 찬드라(Lokesh Chandra)가 신묘장구대다라니의 산스크리트어를 번역하였었고, 우리나라에도 여러 학자나 스님들이 신묘장구대다라니와 실담어를 번역하였다.

신묘장구대다라니 독송함의 효험과
위신력(威伸力)에 대하여

 신묘장구대다라니는 한국 불교에서 가장 많이 독송되고 암송되는 다라니임에도 이 다라니에 대하여서는 그렇게 자세하게 알려져 있지가 않다. 신묘장구대다라니는 성스러운 어머니인 관세음보살의 따뜻하고 푸근함으로 알려져 있다.

 신묘장구대다라니는 천수천안관자재보살광대원무애대비심근본다라니경(千手千眼觀自在菩薩廣大圓滿無崖大悲心大陀羅尼經)이며, 천 개의 손과 천 개의 눈을 가지고 힘든 고통의 바다에 빠진 중생들을 보살펴준다고 관세음보살의 정토(淨土)인 보타낙가산에서 석가모니 부처님이 설파하신 경전 또는 진언이다. 이 경전에는 이렇게 적혀있다.

 과거의 무량한 억겁전에 천광왕정주여래(千光王靜住如來)는 중생들에게 대비심다라니(大悲心羅尼經)를 설파하고 황금빛 손으로 관세음보살의 정수리를 만지면서 부촉하였다,

"선남자야, 너는 이 대비심다라니로 악업과 중죄를 지은 미래 세상의 모든 중생을 위해서 크게 이익이 되게 하고 안락하게 만들어야 하느니라."

그때 관세음보살은 보살의 마지막 열 가지 경지인 십지(十地)중에서 가장 낮은 초지(初地)와 환희지(歡喜地)에 머물고 있었는데, 이 다라니를 한 번 듣고서 곧바로 제8지인 부동지(不動地)로 뛰어올랐으며 이에 크게 환희심을 일으킨 관세음보살은 서원(誓願)을 세웠다.

"내가 앞으로 오는 미래 세상의 모든 중생에게 이익을 줄 수 있고, 모든 중생을 안락하게 할 수 있다면, 나는 지금 즉시 나의 몸에 천 개의 손과 천 개의 눈이 갖추어지리라."

그 순간, 1천의 부처님께서 방광(放光)을 하여 관세음보살의 몸과 시방세계(十方世界)를 비추었고, 관세음보살은 천 개의 손과 천 개의 눈을 갖추었다. 이렇게 천수천안관세음보살(千手千眼觀自在菩薩)이 되었다.

대비심다라니경에서는 신묘장구대다라니경을 외우므로서 오는 열 가지 공덕을 말한다.

첫째는 중생을 안락하고 편안하게 하는 것
둘째는 모든 질병을 낫게 하는 것
셋째는 긴 수명을 얻게 하는 것
넷째는 풍요로움을 얻는 것
다섯째는 모든 악업(惡業)과 중죄(重罪)를 없애는 것

여섯째는 장애와 고난을 벗어나는 것

일곱번째는 청정한 법을 만나고 공덕(功德)이 늘어나는 것

여덟번째는 모든 선근(善根)을 성취하는 것

아홉번째는 모든 두려움으로 부터 벗어나는 것

열번째는 원하는 것이 속히 얻어 만족하게 하는 것

신묘장구대다라니를 외울 때는 관세음보살님의 한 가지의 조건이 있는데 그것은 바로 이것이다.

"먼저 모든 중생들에게 자비(慈悲)한 마음을 일으키고 그런 다음에 나를 향해서 이렇게 서원을 세워야 한다."

계수관음대비주(稽首觀音大悲主) 관음보살 대비주께 머리 숙여 절합니다.

원력홍심상호신(願力弘深相好身) 위대하신 원력으로 거룩한 상 갖추시고

천비장엄보호지(千臂莊嚴普護持) 일천의 팔로 온 누리를 보호하여 거두시고

천안광명변관조(千眼光明遍觀照) 일천 눈의 광명으로 중생을 살피옵고

진실어중선밀어(眞實語中宣密語) 진실하신 말씀으로 비밀의 뜻 베푸시고

무위심내기비심(無爲心內起悲心) 하염없는 마음으로 자비심을 일으키시고.

속령만족제희구(速令滿足諸希求) 온갖의 소원 빨리 모두 다 이루고

영사멸제제죄업(永使滅除諸罪業) 저희들의 모든 죄업 깨끗하게 하소서.

천룡중성동자호(天龍衆聖同慈護) 천룡팔부의 성중(聖衆)들도 저희를 보살피고

백천삼매돈훈수(白千三昧頓熏修) 백 천 삼매를 한 꺼 번에 닦게 하소서.

수지신시광명당(受持心是光明幢) 대비주를 지닌 이 몸은 광명의 깃발이고

수지심시신통장(受持心是神通藏) 대비주를 지닌 이 마음은 신통의 장소이니

세척진로원제해(洗滌塵勞願濟海) 세상의 번뇌를 씻어내고 생사고해 빠르게 건너서

초증보리방편문(超增菩提方便門) 보리의 지혜로 뛰어 넘어 방편문을 얻어

아금칭송서귀의(我今稱誦誓歸依) 저희는 이제 외우고 맹세하여 귀의하오니

소원종심실원만(所願從心悉圓滿) 바라는 일이 마음에 따라 모두 이뤄지게 하소서.

나무대비관세음(南無大悲觀世音) 대자대비하신 관세음보살님께 귀의합니다.

원아속지일체법(願我速知一切法) 저희가 일체의 모든 진리를 빠르게 깨달게 하소서.

나무대비관세음(南無大悲觀世音) 대자대비하신 관세음보살님께 귀의합니다.

원아조득지혜안(願我早得智慧眼) 저희가 지혜의 밝은 눈을 속히 얻게 하소서.

나무대비관세음(南無大悲觀世音) 대자대비하신 관세음보살님께 귀의합니다.

원아속도일체중(願我速度一切衆) 저희가 모든 중생들을 빠르게 제도하게 하소서.

나무대비관세음(南無大悲觀世音) 대자대비하신 관세음보살님께 귀의합니다.

원아조득선방편(願我早得善方便) 저희가 묘한 방편을 빠르게 얻어지게 하소서.

나무대비관세음(南無大悲觀世音) 대자대비하신 관세음보살님께 귀의합니다.

원아속승반야선(願我速乘般若船) 저희가 반야에 속히 도달되게 하옵소서.

나무대비관세음(南無大悲觀世音) 대자대비하신 관세음보살님께 귀의합니다.

원아조득월고해(願我早得越苦海) 생사의 고통의 세계 빠르게 건너게 하소서.

나무대비관세음(南無大悲觀世音) 대자대비하신 관세음보살님께 귀의합니다.

원아속득계정도(願我速得戒定道) 계를 지키고 선정닦음을 빠르게 이루게 하소서.

나무대비관세음(南無大悲觀世音) 대자대비하신 관세음보살님께 귀의합니다.

원아조등원적산(願我早登圓寂山) 생사가 없는 열반의 산에 빠르게 오르게 하소서.

나무대비관세음(南無大悲觀世音) 대자대비하신 관세음보살님께 귀의합니다.

원아속회무위사(願我速會無爲舍) 함이 없는 지혜의 집으로 빠르게 모이게 하소서.

나무대비관세음(南無大悲觀世音) 대자대비하신 관세음보살님께 귀의합니다.

원아조동법성신(願我早同法性身) 진리의 몸을 빨리 얻어지게 하소서.

아약향도산(我若向刀山) 칼산지옥 저희가 갈 때

도산자최절(刀山自摧折) 칼산 절로 무너지고

아약향화탕(我若向火湯) 화탕지옥 저희가 갈 때

화탕자고갈(火湯自枯渴) 화탕 절로 말라지며

아약향지옥(我若向地獄) 지옥세계 저희가 갈 때

지옥자소멸(地獄自消滅) 지옥 절로 소멸되고

아약향아귀(我若向餓鬼) 아귀세계 저희가 갈 때

아귀자포만(我鬼自飽滿) 아귀 절로 배부르고

아약향수라(我若向修羅) 수라세계 저희가 갈 때

악심자조복(惡心自調伏) 악한 마음 조복 되며

아약향축생(我若向畜生) 축생세계 저희가 갈 때

자득대지혜(自得大智慧) 지혜가 절로 생겨지이다.

나무대비관세음을 외우며 원(願)을 다시 간추리면 이 다섯 가지로 표현
합니다.

첫 번째는 일체의 법을 알아서 지혜의 눈을 얻고

두 번째는 좋은 방편을 얻어 중생을 이끌어 주고

세 번째는 반야의 용선을 타고 고통의 바다를 건너고

네 번째는 계와 선정을 얻어 원적산(圓寂山)에 오르고

다섯 번째는 함이 없는 무위사(無僞舍)에 들어 우주법계와 하나 된 법성신
(法性身)을 성취하겠다는 것

신묘장구대다라니의 진정한 모습은,

첫째는 대자대비(大慈大悲)한 마음

둘째는 평등(平等)한 마음

셋째는 어떤 것을 함이 없는 무위(無爲)한 마음

넷째는 집착이 없는 무염착(無染着)의 마음

다섯번째는 공을 관하는 공관(空觀)의 마음

여섯번째는 공경(恭敬)스런 마음

일곱번째는 스스로 낮추는 비하(卑下)의 마음

여덟번째는 산란(雜亂)함이 없는 마음

아홉번째는 괴롭히거나 해침이 없는 무뇌해(無惱害)한 마음

열번째는 잘못된 소견에 집착하지 않는 무견취(無見取)한 마음

열한번째는 위 없는 깨달음인 무상보리(無上菩提)의 마음

이 열 한 가지의 마음은 관세음보살의 진정한 마음이며, 신묘장구대다라니의 진정한 모습이다.

실담어(Siddham, 悉曇語)에 대하여

실담어는 인도의 범어(梵語) 문자이며 중국에 전래된 인도의 범자(梵字)를 말하는 것이다. 이 문자가 중국에 들어와 실담(悉曇)이란 말로 정착된 것이며, 산스크리트(Sanskrit)어 또는 범어(梵語)로 된 경전들을 표기하려고 고대 산크리트어의 변형된 문자이다.

산스크리트어는 베다(Veda)와 우파니샤드(Upanishad) 경전에 기록된 고대 산크리트어와 불교 이후에 기원전 4세기경에 파니니(Panini)라는 학자가 쓴 문법서인 아스타드야이(Astadyai)라는 8장으로 된 문법서를 기초로 하여 고전 산스크리트어가 정형화되었다.

산스크리트어의 경전들은 선험적(先驗的)인 경전이라는 절대권위의 지식을 기록한 스루티(Sruti) 경전이라고 하여, 인도의 많은 경전외에도 불교 경전들에게 많은 영향을 주었다. 대중적으로도 속어화가 되기도 하였는데, 프라크리티(Prakriti)어와 팔리(Pali)어가 그 언어이다. 팔리어는 초기 불교 경전을 기록하는데 쓰여졌다.

고대의 지중해 연안의 셈(Sem)문자에 기원을 두는 고대 인도의 브라흐미(Brahmi)문자가 굽타(Gupta) 왕조시대에 굽타문자로 발달하였다. 굽타문자로 알려진 실담어 경전들은 문자가 서기 6~7세기경에 동아시아로 불교가 보급되면서 중국, 한국, 일본으로 전해졌다.

실담어는 인도에서 불교가 가장 융성하였던 아쇼카(Ashoka) 왕시대에 브라흐미(Brahmi) 문자 또는 싯담(Siddham) 문자로 알려졌다. 이 뜻은 산스크리트어로 '완성되어 있는 언어'이다. 이밖에 칠담(七曇), 실담(悉談), 칠단(七旦), 실담(肆曇), 실단(悉壇) 등 갖가지 표기가 있지만, 일반적 오늘날 사용되고 있는 것이 실담(悉曇)이다.

실담어의 알파벳 숫자는 42자, 47자, 50자, 51자 등으로 일정하지는 않지만 당나라의 지광(智廣, AD. 760~830?)스님의 실담자기(悉曇字記) 1권에서는 모음 12자, 자음 35자 합쳐서 47로 정리되어 있다. 지광스님은 남인도의 프라즈나 보디(Prajna Bodhi)인 반야보리(般若菩提) 삼장(三藏)이 엮은 것을 정리하였다. 일본의 진언종의 시조인 공해(空海, AD. 774~835)스님이 중국에 유학하여 이 책을 가져가 그 후에 많은 연구가 이루어져 실담어와 실담학이 다양하게 발전되었다.

한국에서는 통일신라시대와 고려시대에 실담학에 대한 정확한 기록은 없지만 실담어 진언들이 발견되었다는 것은 그 전통과 맥락이 조선시대의 진언집(眞言集)으로 발전하였으며, 1569년에 간행된 안심사본(安心寺本) 진언집(眞言集)과 1800년의 망월사본(望月寺本) 진언집까지 실담어로 쓰여진 진언집이 있다. 영험약초(靈驗略抄) 오대진언(五大眞言)과 각종 진언들이 이 진언집에 존재한다.

목차

제1장

신묘장구대다라니
본문

신묘장구대다라니(神妙章句大陀羅尼)

आर्यावलोकितेश्वराया महा कारुन धरनि

Āryavalokiteśvārayā Mahā Kāruna Dharāni

아르야발로키테스바라야 마하 카루나 다라니

ॐ ॐ ॐ ॐ ॐ ॐ ॐ ॐ ॐ ॐ

신묘장구대다라니

नमो रत्नत्रयाय ॥

Namo ratna trayāya

나모 라트나트라야야 ||

나모라 다나다라 야야

ॐ ॐ ॐ ॐ ॐ

삼보(三寶)에 귀의합니다.

नमः अर्यावलोकितेश्वाराय बोधिसत्त्वाय

Namaḥ aryaḥ avalokiteśvāraya Bodhisattvāya

나마흐 아르야발로키테스바라야 보디사뜨바야

나막알약 바로기제 새바라야 모지사다바야

ॐ ॐ ॐ ॐ ॐ ॐ ॐ ॐ ॐ

거룩하신 관세음보살님,

महासत्त्वाय महाकारुणिकाय ।

Mahāsattvāya Mahākāruṇikaya

마하사뜨바야 마하카루니카야 |

마하 사다바야 마하가로 나가야

ᨕᨗᨅ ᨆ ᨕᨗᨅᨕᨗᨅ ᨆᨗᨆ ᨕᨗᨅ ᨕᨗᨅᨕᨗᨅ

대자대비(大慈大悲)하신 관세음보살님께 귀의합니다.

हु सर्व भयेषु त्राण कराय तस्मै नम ।

OM sarvā bhayeṣu Trāṇakaraya tasmai Namaḥ

옴 사르바 바예슈 트라나 카라야 타스마이 나마

옴살바바예수 다라나가라야 다사명 나막

ᨕᨗᨅ ᨆᨕᨗ ᨆᨗᨆ ᨕᨗᨅ ᨕᨗᨅᨕᨗᨅ ᨕᨗᨅᨕᨗᨅ

옴, 우주 본질 일체의 공포로부터 지켜주시는 그대,

कृत्वैमम् आर्यावलोकितेश्वार स्तवम् ।

kṛtvā Imām aryāvalokiteśvāra tava

크리트바이맘 아르야발로키테스바라 스타밤 |

까리다바 이맘알야 바로기제 새바라다바

ᨕᨗᨅ ᨆᨕᨗ ᨆᨗᨆ ᨕᨗᨅ ᨕᨗᨅᨕᨗᨅ

이제 성스러운 관자재보살님께 귀의하여 거룩하신 위신력이 펼쳐집니다.

नीलकण्ठ नामः हृदयमावर्तयिष्यामि ।

Nīlakaṇṭha namaḥ hṛdayam avartayiṣyāmi

닐라칸타 나마 흐리다야마바르타이스야미||

니라간타 나막하리나야 마발다 이사미

마음속 깊이 청경성존인 관자재보살에게 자신을 내맡겨 마음 속 깊이 진언
을 반복하옵니다.

सर्वार्थ साधनम् शुभम् अजेयम्

Sarvārthā sadhanām śubham ajeyaṁ

사르바르타 사다남 수밤 아제얌

살발타 사다남 수반아예염

이 진언은 모두를 이롭게 하는 경지를 성취할 것이며,

सर्वा भूतानाम् भव मार्ग विशोधकम् तद् यथा ॥

Sarvābhūtānāṁ bhava marga viśudhakaṁ Tad yathā

사르바 부타남 바바 마르가 비소다캄 타드 야타||

살바보다남 바바말야 미수다감 다냐타

지고의 최고의 행운의 경지에 올라 일체 이 세상에 출현한
중생들을 정도(正道)로 이끌어 청정의 길로 나아가게 하는 것이옵니다.

हु आलोके आलोकमति लोकातिक्रान्ते हे हे हारे ।

OM aloke alokemati lokātikrānte he he hāre

옴 알로케 알로카마티 로카티크란테 헤 헤 하레|

옴 아로계 아로가 마지로가 지가란제 혜혜하례

ॐ री ऴॠ री ॠॢ म(ॐ म(ॐ ॠ ॠ ॠ ॾ

옴 내면세계의 빛이여, 내면세계 빛의 통찰자이시여, 세상을 넘어서는

관세음이시여. 오, 끊임없이 정진하겠나이다, 정진하겠나이다.

महाबोधिसत्त्व स्मर स्नर हृदयम् ।

Mahā bodhisattvā smara smara hṛdayam

마하보디사뜨바 스마라 스마라 흐리다얌|

마하모지사다바 사마라 사마라 하리나야

म ॠ म ॖ ॠ ॠ म ॠ म ॠ ॾ ॾ ॾ

대보살님이시여, 기억해주소서, 언제나 마음에 새겨주소서.

कुरु कुरु कर्म साधय साधय धुरु धुरु वियन्ति महावियन्ति ॥

kuru kuru karma sādhaya sādhaya dhuru dhuru viyānte

mahāviyānte

쿠루 쿠루 카르마 사다야 사다야 두루 두루 비르얀티 마하비르얀티||

구로 구로 갈마 사다야 사다야 도로도로 미연제 마하미연제

ॡ ॾ ॡ ॠ ॠ ॠ ॠ ॢ ॠ ॠ ॢ ॐ ॠॐ ॠ म ॠ ॾ म ॠ म ॠ ॾ

행할 바를 행해주소서, 위대한 승리자이신 관세음이시여,

항상 우리를 보호해주소서.

धर धर धरनिम्धरेश्वर । चल चल मल्ल विमिल अमलमूर्त्तें ।
एहि एहि ।

Dara dara daranimdareśvāra Cala cala mala vimala amalamūrte

Ehye hye

다라다라 다린나레 세바라 찰라 찰라 말라 비말라 아말라무르테 |

에히 에히 |

다라 다라 다라님다레스바라 | 자라자라 마라 미마라 아마라 몰제 예헤혜

ध र र ज ष झा ज य ल य ह म ल (म म ल अ म ल द र 了 हे ह

보호자이시며 자재자이신 관세음이시여, 순수하며 흠이 없고 청정하게

화현하셨으며, 일체 번뇌로부터 해탈하신 관세음이시여,

어서 빨리 나투어주소서.

लोकेश्वर राग विषं विनाशय

Lokeśvārā rāga viṣa vināśaya

로케스바라 라가 비샴 비나사야

로계 새바라 라야 미사미 나사야

ल ज ष र ज य (म ध ल ज ज र

세상의 보호자이시며 자재자이신 관세음이시여,

द्वेष विषं विनाशय मोह जाल विषं विनाशय ।

Dveṣa viṣa vināśaya mohājāla viṣa vināśaya

드베샴 비샴 비나사야 모하 잘라 비샴 비나사야 |

나베 사미사미 나사야 모하자라 미사미 나사야

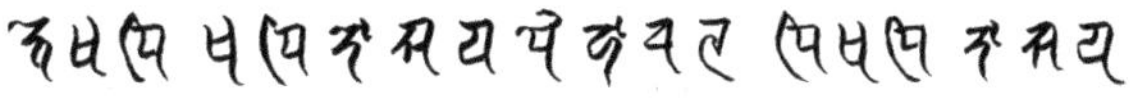

ॐ भ(ह)ए प(ह)र र र प(प)र र �र (प)ह(ए) र र ॑ र र

탐심(貪心)인 탐욕의 독심(毒心)을 끊어 주소서, 진심(瞋心)인 분노와 증오의
독심을 끊어 주소서, 치심(癡心)인 어리석음의 독심을 끊어 주소서.

हुलु हुलु मल्लु हुल हरे पद्मनाभ सारसार श्रिश्रि स्रुस्रु बुद्धया बुद्धया

Huru huru mala huru hare padmanābhā Sāra sāra śiri śiri sru

sru buddhya buddhya

훌루 훌루 말라 훌루 하레 파드마나바 사라사라 시리시리 스루스루 부뜨야
부뜨야

호로호로 마라호로 하례 바나마 나바 사라사라 시리시리 소로소로 못쟈
못쟈

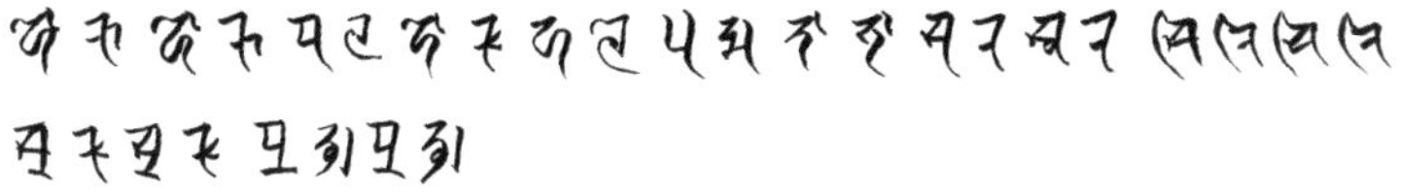

ऒ र ऒ र र र ऒ र र र र र र र र ऒ र र ऒ र र ऒ र र र र ऒ र र र र (प)(प)(प) र र र र मो ह्रि म ह्रि

몸의 중심인 배꼽에서 연꽃이 피어나시는 관세음이시여, 순수하지 않음을
제거해 주소서, 내려오소서, 내려오소서, 아래로 오소서, 아래로 오소서,
드러 나소서 드러 나소서.

बोधय बोधय ।

Bodhaya bodhaya

보다야 보다야|

모다야 모다야

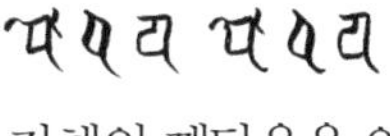

घ र र घ र र

지혜의 깨달음을 얻게 하소서.

मैत्रीय नीलकण्ठ कामस्य दर्शनम् प्रह्लादाय मनः स्वाहा
सिद्धाय स्वाहा ।

Maitrīya nīlakaṇṭha kamasya darśanam Prahladaya mānaḥ
svāhā siddāya svāhā

마이트리야 닐라칸타 카마스야 다르사남 프라흘라다야 마나흐 스바하 시따
야 스바하|

메다리야 니라간타 가마사 닐사남 바라 하라나야 마낙 사바하 신다야 사바
하

자애로우시며 푸른 목을 지니신 청경관음(靑頸觀音)이시여, 애욕으로부터
벗어 나도록 지켜주시고 힘을 주소서, 원(願)하는 이들이 모든 것을 이루고
성취케 하소서.

महा सिद्धाय स्वाहा ।

Mahā siddāya svāhā

마하 시따야 스바하|

마하 신다야 사바하

대성취존(大成就尊)이시여, 성취케 하소서.

सिद्धा योग्श्वरय स्वाहा ।

Siddhā yogeśvāraya svāhā

시따 요게스바라 스바하|

싣다유예 새바라야 사바하

ऒरवगकुगुदधेक

최고의 수행을 완성하신 자재자(自在者)이시여, 성취케 하소서.

नीलकण्ठ स्वाहा ।

Nīlakaṇṭha svāhā

닐라칸타야 스바하|

니라간타야 사바하

ऒरकधेदधेक

청경성존(青頸聖尊)이시여, 성취케 하소서.

वराह मुख सिंह मुखाय स्वाहा ।

Varaha mukha siṁha mukhaya svāhā

바라하 무카 심하무카야 스바하|

바라하 목카 싱하 목카야 사바하

पुदर पुन ऒर मपदधेक

멧돼지 형상으로 나투시고, 사자 형상으로 나투신 관세음보살이시여,

성취케 하소서.

पद्म हस्ताय स्वाहा ।

Padmā hastāya svāhā

파드마 하스타야 스바하|

바나마 하따야 사바하

पद्म हस्ताय स्वाहा

연꽃을 지니신 관음이시여, 성취케 하소서.

चक्र युक्तय स्वाहा ।

Cakra yuktaya svāhā

차크라 유다야 스바하|

자가라 욕다야 사바하

चक्र युक्तय स्वाहा

원반(圓盤) 또는 진리의 바퀴(法輪)를 드신 관음이시여 성취케 하소서.

शङ्ख शब्दनि बोधनाय स्वाहा ।

Śaṅkha śabdni bodhanāya svāhā

상카 사브다니 보다나야 스바하|

상카섭나녜 모다나야 사바하

शङ्ख शब्दनि बोधनाय स्वाहा

진리의 소리인 법라(法螺)로 깨닫게 하시는 관음이시여, 성취하게 하소서.

महा लकुता धराय स्वाहा ।

Mahā lakuṭā dhraya svāhā

마하 라쿠타 다라야 스바하|

마하라 쿠타다라야 사바하

ㅈ ㅈㄹ 껆ㅘ ㄹㄹㄹ 꿍ㅊ

커다란 금강저(金剛杵) 지니신 관음이시여, 성취하게 하소서.

वाम स्कन्ध देस स्थित कृष्णाजिनाय स्वाहा ।

Vāma skāndhaḥ deśaḥ stitha kṛṣṇajināya svāhā

바마 스칸다 데사 스티타 크리쉬나지나야 스바하|

바마 사간다 이사시체나 가릿나 이나야 사바하

ㅈㅈ 꿍ㅹ 껎ㄱ 껆ㄹ 큐ㅶ ㄱㄹㄹ 꿍ㅊ

왼쪽 어깨에 검은 서상(瑞相)을 하신 관음이시여, 성취하게 하소서.

व्याघ्र चर्म निवासनाय स्वाहा ।

Vyāghra carma nivasanāy svāhā

브야그라 차르마 니바사나야 스바하|

먀가라잘마 아바사나야 사바하

ㅺㅽ ㅈ ㄹ 껃ㄱ ㅈㄹㄹ 꿍ㅊ

호랑이 가죽 옷을 두른 관음이시여, 성취하게 하소서.

नमो रत्न त्रयाय नम आर्यावलोकितेश्वराया स्वाहा ॥

Namo ratna trayāya āryavalokiteśvāraya svāhā

나모 라트나 트라야야 나마 아르야발로키테스바라야 스바하||

나모라 다나다라 야야 나막알야 바로기제 새바라야 사바하

ॐ ...

삼보(三寶)에 귀의하옵나니, 관음대성존(觀音大聖尊)이시여,

성취하게 하소서.

제2장

신묘장구대다라니
해석

신묘장구대다라니(神妙章句大陀羅尼)

नमो रत्नत्रयाय ॥

रत्तत्र ३ त्र ४ त्र ४

Namo ratna trayāya

나모 라트나트라야야 ‖

(나모라 다나 다라야야)

나마스(나모)＝귀의하다, 절하다

라트나 (라다라)＝보물, 보배

트라야야(다라야야)＝세 가지에

삼보(三寶)에 귀의합니다.

한글 주해

삼보란 세 가지의 보물을 말한다. 불교에서 세 가지 보물이란 불(佛), 법(法), 승(承)을 말하는데 불(佛)은 부처님과 그의 가르침을 말하는 것이며, 법(法)은 진리, 즉 다르마(Dharma) 또는 달마(達摩)를 말하는 것이며, 또는 승은 스님들의 공동체인 승단(僧團) 또는 승가(僧伽)를 말하는 것이다.

삼보란 삼귀의(三歸依)인 트리사라나 가마남(Trisarana Gamanam)이며

"붓담 사라남 가차미

(Buddham Saranam Gachami)

부처님께 귀의합니다

다르마 사라남 가차미

(Dharma Saranam Gachami)

진리에 귀의합니다

상감 사라남 가차미

(Sangam Saranam Gachami)

승단(僧團)에 귀의합니다"를 말하는 것이다.

नमः आर्यावलोकितेश्वराय बोधिसत्त्वाय
महासत्त्वाय महाकारुणिकाय ।

Namaḥ aryaḥ avalokiteśvāraya bodhisattvāya
Mahāsattvāya mahākāruṇikaya

나마흐 아르야발로키테스바라야 보디사뜨바야

마하사뜨바야 마하카루니카야|

(나막알약 바로기제 새바라야 모지 사다바야

마하 사다바야 마하가로 니가야)

나마흐(나막)=머리를 숙이다, 절하다, 귀의하다

아르야흐(알약)=고귀한

아발로키타(바로기제)=바라보다, 관찰하다, 명상하다

이스바라흐(새바라야)=인격신, 스승, 위대한 자

아르야발로키테스바라(알약 바로기제 새바라야)=관세음보살

보디(모지)=지혜

사뜨바(사다바)=존재, 실재, 선함

보디사뜨바(모지 사다바)=보살(菩薩)

야흐(야)=~에게

마하(마하)=위대한, 거대한

사뜨바(사다바)=존재, 실재, 선함

마하사뜨바(마하 사다바)= 위대한 보살, 대자(大慈)

야흐(야)=~에게

마하(마하)=위대한, 거대한

카루니카(가로니가)=자비심의, 동정심의

마하카루니카(마하 가로니가)=대비(大悲)

야흐(야)=~에게

거룩하신 관세음보살님,

대자대비(大慈大悲)하신 관세음보살님께 귀의합니다.

한글 주해

아발로키데스바라인 관세음보살(觀世音菩薩) 또는 관자재보살(觀自在菩薩)신앙은 대승불교 신앙의 꽃이다.

세계의 불교에는 스리랑카, 버마, 태국, 라오스등의 상좌불교(上座佛教)와 티베트의 서장밀교(西藏密教), 중국, 한국, 일본의 대승불교(大乘佛教)와 선불교(禪佛教)가 있는데, 특히 티베트 밀교와 동양 삼국인 중국, 한국, 일본에서의 이 관세음보살 신앙은 불교가 민중에게 쉽게 다가가도록 교량역할을 하는 매개체가 되었다.

관세음보살은 대승경전인 법화경(法華經)이나 화엄경(華嚴經)에도 나타나며, 다른 여러 이름을 가지고 있기도 한데, 모두 여섯 관음보살을 중심으로 이루어져 있다.

가장 중심 되는 관음이 성관음(聖觀音)인 아리야(Arya)를 비롯하여 11개의 얼굴을 지닌 십일면관음(十一面觀音)인 에카다사묵카(Ekadasamuka), 천개의 팔과 눈을 가진 천수천안관음(千手千眼觀音)인 사하스라부자 사하스라네트라(Sahasrabuja Sahasranetra), 보석의 바퀴 여의륜관음(如意輪觀音)인 친타마니 차크라(Chintamani Cakra), 말의 얼굴을 지닌 마두관음(馬頭觀音)인 하야그리바(Hayagriba), 중생의 재난을 없애주는 준제관음(准提觀音)인 춘디(Cundi)가 있으며, 이 여섯 관음 외에도 모든 중생을 놓치지 않고 그물로 건지겠다는 불공견삭관음(佛空羂索觀音)인 아모가파사(Amoghapasa), 흰옷을 입은 백의관음(白衣觀音)인 판다라바시니(Pandaravasini), 등 33개의 이름을 가지고 있다.

현장스님의 대당서역기에 의하면, 관세음보살의 성지는 지역적으로 지금의 남 인도 케랄라(Kelala)주에 있는 사다니말라(Sadanimala)에 포탈라카(Potalaka) 산, 즉 보타낙가 산에 있다고 하였다.
중국에는 절강성(浙江省) 주산열도의 보타산에 성지가 있으며, 한국에는 강릉의 낙산사, 남해 보리암, 강화 보문사 등 여러 곳이 있다. 관음보살 신앙의 장점은 자신을 다 맡길 수 있음으로 일어나는 마음의 안정과 편안함을 가지게 되고, 그렇게 됨으로써 자신의 미래를 바라볼 수 있으며, 사물에 대한 감사와 놀라움을 지니게 하는 외경(畏敬)을 가져오게 하는 것이다.

이 절의 보디사뜨바(Bodhisattva) 또는 모지 사다바는 불교가 만들어낸 아름다운 단어이다. 보디는 지혜나 이성, 앎의 단어이며, 사뜨바는 좋은, 아름다운, 선(善)하다라는 단어인데, 이 둘이 합쳐져 나온 것이 바로 보디사뜨바, 즉 보살(普薩)이라는 단어이다.
보살이란 부처님이 되기까지 또는 해탈에 이르기까지 얼마남지 않은 카르마를 지니고 있는 상태로 이 세상에 존재하는 자비로우며 지혜로운 이를 말한다.

카루나(Karuna)는 대승불교의 큰 서원인 사무량심(四無量心) 중에서 "다른 사람의 마음과 같은 마음으로 생각하는 마음"과 같은 것이다. 한자로는 비(悲)라고 번역이 되었으며, 무량한 네 가지 마음 중의 하나이다.

마하 카루나(Maha Karuna), 즉 '위대한 자비심'이라는 것은 태양이 어떤 바람도 없이 우리에게 빛을 비추어 생명을 유지하게 하고, 나무가 이산화탄소를 빨아들이고 산소를 배출하여 청정하게 하는 것과 같은 것이다.

॥ॐ सर्व भयेषु त्राणकराय तस्मै नमः
कृत्वैमम् आर्यावलोकितेश्वर तव ।

OM sarvā bhayeṣu trāṇakaraya tasmai namaḥ
kṛtvā īmām aryāvalokiteśvāra tava

옴 사르바 바예수 트라나 카라야 타스마이 나마흐
크리트바이맘 아르야발로키테스바라 스타밤|
(옴 살바 바예슈 다라나 가라야 다사명 나막
가리다바 이맘 알야 바로기제 새바라 다바)

옴(옴)=옴, 절대의 소리이며 만트라

사르바(살바)=모든

바예슈(바예수)=두려움

트라나(다라나)=구제하는, 보호를 수행하는

카라야(가라야)=행하다

타스마이(다사명)=그대에게

나마흐(나막)=귀의하다

크리트바(가리다바)=행하다

이맘(이맘)=이제, 지금

아르야발로키테스바라(알야 바로기제 새바라)=관세음보살, 관자재보살

타바(다바)=당신의

옴, 우주 본질 일체의 공포로부터 지켜주시는 그대,

이제 성스러운 관자재보살님께 귀의하나니,
거룩하신 위신력이 펼쳐집니다.

한글 주해

이 절에 나오는 '옴'은 태초의 소리이며 만트라(Mantra)이다. 인도의 고대
경전인 만두캬 우파니샤드(Mandukya Upanishad) 1절에서는 "옴 소리는 전
체 우주 전체이다. 옴을 발현시켜라. 옴은 과거, 현재, 미래. 그 모든 것을
말하며 시간과 공간과 원인을 말한다"라고 하였다.
아발로키테스바라는 대자대비의 위대한 관세음보살이면서 인간의 삶에
서 가장 약한 부분과 자신과 외부의 두려움을 없애주는 관자재보살이기
도하다. 이 신묘장구대다라니의 주인공인 관세음보살은 대승불교의 핵심
이다.

인간이 가장 고통을 느낄 때가 바로 공포감이 밀려오는 순간이다. 이것은
부처님이 고통의 본질을 생노병사(生老病死)라고도 하고 근본적인 괴로
움으로 설파하셨다.
이러한 본질적인 괴로움인 죽음과 질병과 살아가면서 일어나는 공포감은
시대와 시간과 관계없이 언제나 존재하는 것이다. 이러한 공포감을 지금
우리가 사는 현대에서는 시시각각으로 자초하여 자신이 스스로 만들어
일으켜 심리적으로나 환경적으로 같이 살고 있다. 디지털화 되고 정보화
되고 기계화되어 인간은 그 스스로 그 안에 갇혀서 살고 있다.

이러한 우리의 시대에 우리를 어머니처럼 포근하게 감싸주고 이끌어주는
관세음보살의 존재가 필요하다.

인간이 강한 것 같으나 독립되고 홀로 고독하게 존재한다고 느낄 때 자존감이 없어진다. 그러할 때 공포나 불안이나 두려움이나 괴로움이 밀려오고 고독감이나 고통이 내면으로부터 일어나고 죽음의 분리감, 질병에 대한 공포나 경제적인 힘든 것, 죽고싶은 괴로움들이 언제나 엄습한다.

관세음보살의 신묘장구대다라니에 대한 효과나 위신력(威伸力)은 바로 이러한 힘들고 약한 인간의 마음에 빛이 되고 메마른 정서에 감로의 단비가 될 것이다.

아발로키데스바라 또는 관세음보살의 가피(加被)가 가득하시길!

नीलकण्ठ नमः हृदयमवर्तयिष्यामि ।

ﾌ ﾛ ﾑ ﾘ ﾏ ﾝ ﾊ ﾘ ﾅ ﾔ ﾏ ﾊ ﾞﾙ ﾀ ﾞﾔ ﾐ

Nīlakaṇṭha namaḥ hṛdayam avartayiṣyāmi

닐라칸타 나마흐 흐리다야마바르타이쉬야미 |

(이라간타 나막 하리나야 마발다 이사미)

닐라칸타(이라간타)=푸른 목을 지닌 이(닐라=푸른색;칸타=목),

청경성존 : ‘푸른 목을 지닌 이’ 닐라칸타는 인도 고대 푸라나(Prana) 경전
에서 세상을 정화하기 위해 모든독을 마셔 목이 푸르게 되었다는 시바 신
의 이야기에서 나온 것이다. 불교(佛敎)에서는 이러한 것을 청정하고 성스
러운 존재인 청경성존(靑頸聖尊) 또는 청신천(靑身天)으로 말하였다.

나마흐(나막)=귀의하다

흐리다얌(하리나야)=가슴, 마음

아바르타이쉬야미(마발다 이사미)=읊다, 말하다.

마음속 깊이 청경성존인 관자재보살에게 자신을 내맡겨
마음속 깊이 진언을 반복하옵니다.

한글 주해

시바 신의 또 다른 이름으로 불리는 닐라칸타는 모든 부정적인 에너지를
정화한다는 의미로 해석하면 되겠다.

흐리다야(Hridaya)는 가슴을 말하는 것인데, 마음의 원천이라고도 해석할
수 있다. 산스크리트인 나마흐 흐리다야는 진심으로 자신의 온 마음을 바
치고 귀의한다는 것이며 마음이 자연스럽게 아발로키데스바라인 관자재

보살 또는 관세음보살에 온전하게 집중된다는 것이다.

아바르타(Avarta)는 반복하고 돌린다는 뜻이며 스야미(Syami)는 지속하다는 뜻이다. 이것은 마음속 깊이 진언을 반복하고 지속시킨다는 뜻인 것이다. 이 절에서 이렇게 진언의 반복되는 시작으로부터 대다라니는 마음 한가운데로부터 헌신적인 집중이 시작되는 것이다.

सर्वार्थासधनाम् शुभम् अजेयं
सर्वभूतानां भव मार्ग विशुधकं तद्यथा ॥

ये क्षे ये द द कु ये ये हु ये
ये क्षे उ ये द प रे चि कु द द भु

Sarvārthāsadhanām śubham ajeyam

Sarvābhūtānām bhavamargaviśudhakam

사르바르타사다남 수밤 아제얌

사르바부타남 바바 마르가 비수다캄 타드야타||

(살발타 사다남 수반아예염

살바보다남 바바말아 미수다감 단냐타)

나마스(나모)=귀의하다, 절하다

라트나(라다라)=보물, 보배

트라야야(다라야야)=세 가지에

사르바르타(살발타)=모든 목적(사르바=모든, 아르타=목적)

사다남(사다남)=성취

수밤(수반)=좋은 것, 훌륭함, 길조(吉兆)

아제얌(아예염)=최상의, 정복되지 않은

사르바부타남(살바보다남)=모든 정령, 모든 존재(사르바=모든, 부타남=존재)

바바(바바)=삶의, 발생, 탄생, 중생

마르가(말아)=길

비수다캄(미수다감)=청정(淸淨), 깨끗하게 함

타트(단)=그것

야타(야타)=그러므로

이 진언은 모두를 이롭게 하는 경지를 성취할 것이며,

지고의 행운의 경지에 올라 일체 이 세상에 출현한 중생들을

정도(正道)로 이끌어 청정의 길로 나아가게 하는 것이옵니다.

한글 주해

이 절은 나의 발전과 동시에 다른 이의 발전을 생각하는 대승불교의 큰 서원(誓願)을 말하는 것이다. 여기까지가 신묘장구대다라니가 어떠하다는 말을 하기 위한 도입부분이라고 볼 수가 있다.

이 천수경의 신묘장구대다라니는 대승불교의 꽃이며 나와 모든 중생이 동시에 같이 순수하고 청정한 세계로 나아가기를 바라는 것이다. 나와 너 그리고 모든 중생과 삼라만상의 모든 것이 동시에 발전되기를 바라는 것이다.

"그것은 나도 진리이며, 너도 진리이고, 모든 사람이 진리이며, 모든 것이 진리이다."이러한 진리는 관세음보살이며 부처님의 화신(化身)이라는 것이다.

ॐ आलोके आलोकमति लोकातिक्रान्ते हे हे हारे ।

ॐ आलोके आलोकमति लोकातिक्रान्ते हे हे हारे

OM aloke alokemati lokātikrāntehehehāre

옴 알로케 알로카마티 로카티크란테 흐예 흐예 하레|

(옴 아로계 아로가 마디로가 지가란제 혜혜하례)

옴(옴)=옴

알로케(아로계)=빛나다

알로카(아로가)=내면세계의 빛, 광명(光明)

마티(마디)=통찰, 지혜, 이성

로카(로가)=세계, 세상

티크란테(지가란제)=초월한

흐예(혜)=오!

하레(하례)=찬미하다

: 인도에서는 "하리 하라(Hari Hara)"는 시바 신과 비쉬누 신을 찬미하는 소리이지만, 궁극적으로 신을 찬미하는 것이기도 하다.

옴, 내면세계 빛이여, 내면세계 빛의 통찰자이시여,

세상을 넘어서는 초월자이신 관세음이시여,

오! 끊임없이 정진 하겠나이다, 따르겠나이다.

한글 주해

이 절은 철저하게 만트라를 반복할 수 있도록 되어 있다. 만트라의 음율을 가지고 있으며, 만트라의 반복적인 효과를 얻을 수 있도록 짜여진 구절이다.

옴은 가장 높은 수준에서 가장 낮은 수준의 의식까지 모두를 포함하는 절대적인 만트라이자 음(音)이다. 프라스나 우파니샤드(Prasna Upanishad) 2.5.2에서는 "옴은 실로 가장 높은 브라흐마(Brahma)와 가장 낮은 브라흐마이니, 이러한 것을 아는 자는 이 방법에 의해 그 둘 중 하나에 도달하리라"라고 하였으며, 카타 우파니샤드(Katha Upanishad) 2.15에서는 "모든 베다가 말하는 것, 모든 고행이 말하는 것, 그리고 지식과 금욕에 헌신한 삶으로 이끌기를 열망하는 것에 대하여 나는 단순하게 말하나니, 그것은 '옴'이다"라고 하였다.

이 절의 산스크리트어 알로카(Aloka)에서 아(A)는 '아니다'를, 로카(Loka)는 '세상'을 말하는 것인데, 물질적인 세상이 아닌 정신적인 또는 빛 또는 광명을 의미하는 것이다.

즉, 알로카마티(Alokamati)란 광명의 지혜, 또는 빛을 말하는 것이다. 모든 세상에 비치는 찬란한 태양처럼 아발로키데스바라(Avalokidesvara)인 관세음보살의 지혜의 빛은 모든 세계의 의식수준의 중생에게 다 좋은 영향을 준다.

태양이 없다면 우리의 존재는 보존 될 수 있을까? 어떠한 바람도 없이 지금도 내뿜고 계시는 절대존재 관세음보살의 빛은 우리의 존재를 존재하게 하는 이유이기 때문이다.

महाबोधिसत्त्व स्मर स्मर हृदयम ।

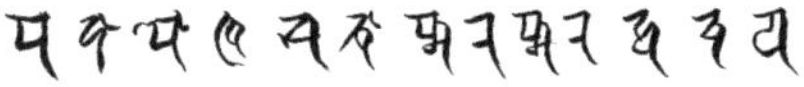

Mahā bodhisattvā smara smara hṛdayam

마하보디사뜨바 스마라 스마라 흐리다얌|

(마하모지사다바 사마라 사마라 하리나야)

마하(마하)=위대한

보디사뜨바(모지 사다바)=보살(普薩)

스마라(사마라)=기억하다, 마음으로

흐리다얌(하리나야)=가슴, 마음

대보살님이시여, 기억해주소서,

언제나 마음에 새겨 주소서.

한글 주해

'마하' 라는 것은 산스크리트어로 한계를 따질 수 없이 크다는 말이다. 특히 '보살' 이라는 말은 원래 '보디사뜨바(Bodhisattva)' 를 말한 것인데 여기에서 '보디' 는 '부띠(Buddhi)' 라고 하는 지혜나 이성 또는 깨달음을 의미하는 것이며 '사뜨바(Sattva)' 는 밝음 또는 지고의 선(善)을 의미하는 것이다.

다시 말해, 보디사뜨바인 보살(普薩)이란 최상의 선을 통하여 중생들을 이끄는 지혜로운 이를 일컫는 것이다. 그 중에서도 최고의 보살은 바로 보살 중의 보살이신 아르야발로키테스바라(Aryavalokitesvara)인 관세음보살을 말한다.

'스마라(Smara)'라는 산스크리트어는 '기억한다'는 뜻인데 한번만 생각
하더라도 모든 부정적인 생각이 사라져 버리게 하는 위대한 힘을 지닌 힘
을 가졌다는 뜻이다.

कुरु कुरु कर्म साधय साधय
धुरु धुरु वियान्ते महावियान्ते ॥

Kuru kuru karma sādhaya sādhaya
Dhuru dhuru viyānte mahāviyānte
쿠루 쿠루 카르마 사다야 사다야
두루 두루 비얀테 마하비얀테||
(구로 구로 갈마 사다야 사다야
도로도로 미연제 마하미연제)

쿠루(구로) = 행하다
카르마(갈마) = 행위, 일
사다야(사다야) = 성취하다
두루((도로) = 보호, 지탱하다
마하(마하) = 위대한
비얀테(미연제) = 승리자

행할 바를 행해주소서, 위대한 승리자이신 관세음이시여,
항상 우리를 보호해주소서.

한글 주해

불교의 다라니는 소리인 만트라(Mantra)와 의미를 가지는 경전 수트라
(Sutra)를 동시에 모두 포함하고 있다.

신묘장구대다라니 또한 소리와 의미를 모두 포함하고 있는 다라니로서, 여기에 나오는 진언(眞言)이자 만트라인 쿠루 쿠루(Kuru Kuru)와 두루 두루(Dhuru Dhuru)는 신묘장구대다라니에서 만트라의 음(音)을 중시한다는 것을 보여주는 것이다.

만트라 또는 음률의 효과는 고대 경전들부터 몸과 마음 양쪽으로 동시에 온다고 알려져 있다. 만트라 소리의 효과는 음파 또는 진동의 효과이며 그러한 효과를 오랜 기간 검증해왔으며 현대과학적으로도 그 파장을 검증하는 연구가 실행되고 있다.

소리의 효과가 젖소에게 좋은 음악을 들려주었을 때 우유의 양이 많아졌다든지 꽃에게도 좋은 음악을 들려 주었을 때 꽃이 잘 자란다고 한다. 인간에게 좋은 음파는 얼마나 효과적일까? 반면에 부정적인 소리들은 얼마나 좋지 않는 효과를 가져올까?

소리의 만트라 뿐만 아니라 좋은 뜻인 경전인 수트라는 얼마나 좋은 영향을 줄까? 금강경이나 반야심경의 의미를 자각하면서 경전을 음미한다면 인생은 얼마나 달라질 것인가?

धर धर धरनीम्दरे श्वार ।
चल चल मल्ल विमल अमलमूर्ते ।
ए॒हे ए॒हे ।

Dara dara daranimdareśvāra

Cala cala mala vimala amalamūrte

Ehye hye

다라 다라 다라님다레스바라|

찰라 찰라 말라 비말라 아말라무르테|

에헤 에헤|

(다라다라 다린나레 세바라

자라자라 마라 미마라 아마라 몰제

예헤헤)

나마스(나모)＝귀의하다, 절하다

라트나(라다라)＝보물, 보배

트라야야(다라야야)＝세 가지에

다라(다라)＝지탱하다

다라님(다린)＝유지하다

이스바라(새바라)＝자재자(自在者), 지배자

찰라(자라)＝움직이는

말라(마라)＝비순수한

비말라(미마라)＝순수한

아말라(아마라)＝청정한

무르티(몰제)＝화현(化現), 형상, 모습

에히(에혜혜)＝열망하다, 간원하다

보호자이시며 자재자이신 관세음이시여,

순수하며 흠이 없고 청정하게 화현(化現)하셨으며,

일체 번뇌로부터 해탈하신 관세음이시여,

어서 빨리 나투어 주소서.

한글 주해

나무의 뿌리와 잎과 줄기와 과실과 꽃과 껍질 그 모든 부분이 다르게 나타나 있다. 그러하지만 그 모든 부분에 스며들어있는 수액은 드러나 있지 않아도 다 같게 존재하며, 또한 수소와 산소의 분자가 물이 되고, 얼음이 되고, 수증기가 되어도 수소와 산소의 분자는 변하지않는 것처럼, 스스로 모든 것을 자유롭게 나투는 자재자(自在者)이신 이스바라 (Isvara)인 이것은 인격화된 성스러운 화신으로 드러난 관세음보살의 흠이 없는 순수함에 대해 말하고 있다.

이러한 청정한 형상인 '아말라 무르티(Amalamurti)', 즉 관세음보살께 서 우리의 생각과 행동에 스며들기를 기원하는 것이다.

लोकेश्वार राग विष विनाशय
द्वेष विष विनाशय मोहा जाल विष विनाशय ।

ऴ ॐ ॡ ॠ ॾ ॿ ॢ ॣ ऄ ॅ ऽ ॄ ॼ

ॾ ॿ ॢ ॣ ॼ ऄ ॅ ॢ ऄ ॄ ॼ ऄ ॿ ॢ ॣ ॼ ऄ ॄ ॼ

Lokeśvārā rāga viṣa vināśaya

Dveṣa viṣa vināśaya mohājāla viṣa vināśaya

로케스바라 라가 비샤 비나사야

드베샤 비샤 비나사야 모하 잘라 비샤 비나사야|

(로계 새바라 라아 미사미 나사야

나베사 미사미 나사야 모하 자라 미사미 나사야)

로카(로계)=세상

이스바라(새바라)=인격신, 자재자(自在者), 주(主)

라가(라아)=탐욕(貪), 물들여지다

비샤(미사)=독(毒), 두려움

비나사야(미나사야)=끊다, 소멸시키다

드베샤(나베사)=분노(瞋), 증오

모하(모하)=어리석음(癡), 망상

잘라(자라)=환영(幻影)

세상의 자재자이신 관세음이시여,

탐심(貪心)의 탐욕의 독심(毒心)을 끊어 주소서,

진심(瞋心)인 분노와 증오의 독심을 끊어 주소서,

치심(癡心)인 어리석음의 독심을 끊어 주소서.

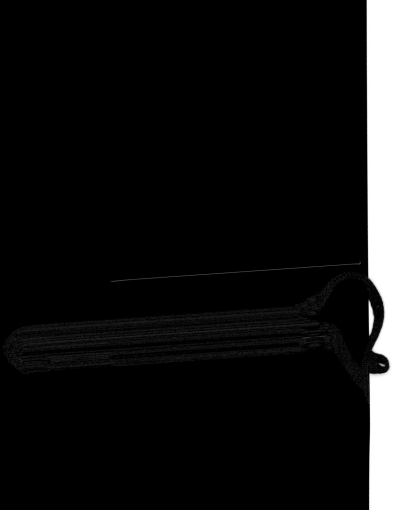

한글 주해

모든 것을 주재하는 관세음보살의 은덕 또는 가피로 삼독(三毒)으로 알려진 탐(貪), 진(瞋), 치(癡)는 탐욕(貪)인 라가(Raga)와 분노(瞋)인 드베사(Dvesa)와 함께 어리석음(癡)인 모하흐(Mohah)를 소멸시킨다.

이 세 가지의 독을 제거하지 않으면 삶의 고통의 바다에서 계속 맴돌 뿐이다. 사람들은 언제나 이 독을 우리 안의 몸과 마음에 가지고 있다. 이것이 고통을 만들어내며 병을 만들어내고 스트레스를 만들어내고 응집이 되어 나와 주위를 어둠과 괴로움을 만들어낸다. 그것이 아비드야(Avidya) 인 무명(無明) 또는 무지를 만들어낸다.

아발로키데스바라인 관세음보살은 모든 중생의 의식 속에 머물며 이 세 가지의 부정적인 마음을 정화시켜주신다.

हुरु हुरु मल्ल हुरु हरे पद्मनाभा
सारसार श्रिश्रि स्रुस्रु बुद्ध्य बुद्ध्य
बोधय बोधय ।

Huru huru mala huru hare padmanābhā

Sāra sāra śiri śiri sru sru buddhya buddhya

Bodhaya bodhaya

후루 후루 말라 후루 하레 파드마나바

사라사라 시리시리 스루스루 부뜨야 부뜨야

보다야 보다야|

(호로호로 마라호로 하례 바나마 나바

사라사라 시리시리 소로소로 못쟈못쟈

모다야 모다야)

후루(호로)＝가져가게 하다

말라(마라)＝순수하지 않은

하레(하례)＝제거하는 이이시여,

파드마(바나마)＝연꽃

나바(나바)＝배꼽

파드마나바(바나마 나바)＝연꽃중심의 성스러운 존재, 몸의 중심에 핀
연꽃

사라사라(사라사라)＝내려오다, 움직이다

시리시리(시리시리)＝성스러움이 드러나다

스루스루(소로소로)＝드러나다, 나타나다

부뜨야(못쟈)＝지혜로운

보다야(모다야)＝깨달음을 얻다

몸의 중심인 배꼽에서 연꽃이 피어나시는 관세음이시여,

순수하지 않음을 제거해 주소서,

내려오소서, 내려오소서, 아래로 오소서, 아래로 오소서,

드러나소서, 드러나소서, 지혜의 깨달음을 얻게 하소서.

한글 주해

몸의 중심을 배꼽으로 보는 것은 인도의 신중에 우주를 유지하게 하는 신인 비쉬누(Vishnu)신의 배꼽에서 피어난 연꽃이 바로 창조의 신인 브라흐마(Brahma)신이다. 이 브라흐마의 신은 연꽃처럼 조직적이고 체계적인 질서로 우주를 창조해나간다는 것이다.

관세음보살도 마찬가지로 진흙 속에서 피어난 것처럼 때묻지 않고 또한 연 잎 위에 섞이지 않는 물방울처럼 순수한 본성이 이 세파에 찌든 세속에서도 많은 중생들에게 좋은 영향을 주는 것이다.

이 산스크리트의 시적인 운율인 사라 사라, 스리 스리, 스루 스루(Sara Sara, Siri Siri, Sru Sru)는 내려오소서, 내려오소서, 아래로 오소서, 아래로 오소서, 드러나소서, 드러나소서 라는 뜻과 함께 아름답게 전달된다.

이 절은 음률에 맞게 진언인 만트라를 쉽게 독송할 수 있게 짜여져 있다. 만트라 진언은 세가지 종류가 있는데 하나는 외부로 크게 소리 내어서 하는 것이 있으며, 두 번째는 조용히 반복하는 것이 있으며, 마지막으로는 마음속으로 생각하는 것이 있다.

이 신묘장구대다라니는 외부적으로 소리 내거나 조용히 반복함으로써 효과를 주는 진언이다.

मैत्रीय नीलकण्ठ कामस्य दर्शनम्
प्रह्लादाय मनः स्वाहा सिद्धाय स्वाहा ।

Maitrīya nīlakaṇṭha kamasya darśanam

Prahladaya mānaḥ svāhā siddāya svāhā

마이트리야 닐라칸타 카마스야 다르사남

프라흘라다야 마나흐 스바하 시따야 스바하|

(메다리야 니라간타 가마사 날사남

바라 하라나야 마낙 사바하 신다야 사바하)

마이트리(메다리야)=자애심, 자비로운(慈)

닐라칸타(니라간타)=관세음보살, 푸른 목의 성스러운 존재, 청경관음(青
頸觀音)

카마스야(가마사)=욕망의

다르사남(날사남)=지켜보다, 관찰하다

프라흘라다야(바라 하라 나야)=힘을 주다

마나흐(마낙)=마음

스바하(사바하)=모든 것을 이루게 하는 기원, 길상(吉祥)이 있을 지이다.

시따야(신다야)=성취하다, 초능력, 힘

자애로우시며 푸른 목을 지니신 청경관음(青頸觀音)이시여,

애욕으로부터 벗어 나도록 지켜주시고 힘을 주소서,

원(願)하는 이들이 모든 것을 이루고 성취케 하소서.

한글 주해

자애롭다는 뜻을 지닌 마이트리(Maitri)는 자애(慈愛)로움과 인간과 모든 천지만물과 친밀함의 뜻을 지녔으며 이 산스크리트 단어는 근본불교에서 팔리어의 메타(Metta)와 대승불교의 마이트리와 힌두교와 요가의 마이트리와 기독교의 사랑과 모든 제종교의 자애로움과 하나됨이 다르지 않다는 것이다.

'마이트리(Maitri)'의 어원은 리그 베다(Veda)에 나오는 신들 중 하나인 '미트라(Mitra)'에서 유래한다. 미트라는 물의 신이며 '바루나(Varuna)'와 연결되어 있다. 미트라와 바루나는 우주적인 율동의 천상을 지배한다. 미트라는 빛의 하강을 담당하고 바루나는 그것을 덮어버리고 지배한다. 바람의 신 '마루트(Marut)'와도 관계가 있다. 이 미트라에서부터 미륵불(彌勒佛)인 '마이뜨레야(Maittreya)'로 어원이 파생된 것으로 본다.

세상에서 가장 무량한 마음은 천지만물과 모든 의식수준을 조화롭게 아우를 수 있는 마음이 다. 그러한 마음이 자애와 자비의 마음, 즉 마이트리인 것이다.

이 서원(誓願)은 관세음보살이 모든 중생을 이끌고 같이 올라가려는 지고의 무량한 네 가지의 마음인 사무량심(四無量心) 중의 으뜸이다.

푸른 목을 지닌 청정관음은 인도의 신화에서 시바신이 세상의 독을 다 마셔서 목이 푸르게 되었다는 것처럼 중생의 괴로움을 중화시켜 순수하게 걸러서 토해내는 모습일 것이다.

마치 태양이 빛을 내뿜어 세상을 존재하게 하고, 나무가 인간이 만들어낸 수많은 오염물질과 이산화탄소를 빨아들이고 다시 산소를 배출하는 것과 같으며, 프랑크톤이 더러운 오염물질을 다시 순수한 물질로 만들어내는 것과 같이 자신의 즐거운 노력과 희생으로 많은 상대세계에 이익을 주는 것이다.

이 절의 산스크리트 '스바하(Svaha)'는 인도에서 베다 의식 후에 후렴으로 반드시 낭송하는데, 소망하거나 간청하는 것을 이루기 바라는 표현이며 '영원하소서'라는 말도 된다. 그래서 한 의식에 수 백번 이상의 후렴으로 낭송하기도 한다.

인도의 유명한 가야트리 만트라에는 "부흐 부바흐 스바흐"라는 구절이 나오는데 '부흐'는 물질계를 말하며, '부바흐'는 정신계를, '스바하'는 신성한 세계를 말한다. 스바하는 인간과 신을 통하게 해주는 기도문이며, 베다의 의식이나 우파니샤드 구절에서의 반복적인 후렴을 통한 기도문이다. 또한 모든 것을 이루게 해달라는 기원인 동시에 확언이기도 하다.

महा सिद्धाय स्वाहा ।

य ब सिद्धिर बू ब

Mahā siddāya svāhā

마하 시따야 스바하|

(마하 싯다야 사바하)

마하(마하)＝위대한

시따야(싯다야)＝초능력, 성취

스바하(사바하)＝모든 것을 이루게 하는 기원, 길상(吉祥)이 있을 지이다.

대성취존(大成就尊)이시여, 성취케 하소서.

한글 주해

인도의 수행 경전들인 '요가 수트라(Yoga Sutra)'나, '시바 삼히타(Siva Samhita)'나 '게란다 삼히타(Gheranda Samhita)'등에서는 수행을 통한 수행자의 초능력적인 성취에 대해 설명하고 있다. 이러한 초능력적인 힘에 대해 그러한 경전에서는 크게 여덟 가지 초능력이라고 하여 '아스타 시띠(Asta Siddhi)'라고 말하고 있다. 그것은 다음과 같다.

첫번째 아니마(Anima) ─ 원자처럼 작아지는 것,

두 번째 마히마(Mahima) ─ 거대해지는 것,

세 번째 라그히마(Raghima) ─ 가벼워지는 것,

네 번째 가리마(Garima) ─ 무거워지는 것,

다섯 번째 프라프티(Prapti) ─ 지배하는 힘,

여섯 번째 프라캄야(Prakamya) – 의지의 자유,

일곱 번째 이사트바(Isatva) – 모든 것을 지배하는 것,

여덟 번째 바시트바(Vasitva) – 모든 것을 정복하는 힘이 일어난다는 것이다.

그러나 이러한 초능력적인 힘에 대해서는 책으로 스스로 공부하여 터득하려 해서는 안 된다. 왜냐하면 그로 인해 따르는 부작용은 모두 본인의 부담이 되는 것이기 때문이다. 이러한 초능력적인 시띠를 터득하려면 반드시 이러한 것을 수행적으로 터득한 숙련된 스승에게 배우는 것이 바람직하다.

모든 중생(衆生)은 생각에 희망과 비전을 주어 성취하게 하는 위대한 존재 아발로키데스바라 관자재보살에게 귀의 함으로써 모든 것이 이루어지리라. 스바하(Svaha)!

सिद्धा योगेश्वाराय स्वाहा ।

(산스크리트 데바나가리 변형 문자)

Siddhā yogeśvāraya svāhā

시따 요게스바라 스바하|

(싣다유예 새바라야 사바하)

시따(싣다)＝성취, 완성

요게(유예)＝요가

이스바라(새바라야)＝인격화된 신, 주(主)

유예새바라야(요게스바라)＝요가의 자재자(自在者), 최고의 수행자

스바하(사바하)＝모든 것을 이루게 하는 기원, 길상(吉祥)이 있을 지이다

최고의 수행을 완성하신 자재자(自在者)이시여, 성취케 하소서.

한글 주해

관세음보살은 다름아닌 스스로 모든 수행을 성취한 존재이며 스스로 가르침을 전달하는 자재자(自在者)인 '요게스바라(Yogesvara)' 이다.

요게스바라는 파탄잘리(Patanjali)의 경전 요가 수트라(Yoga Sutra)에도 나오는 말로서 산스크리트어로 '요가(Yoga)'와 '이스바라(Isvara)'는 두 단어가 합성된 뜻이다.

그것은 모든 종류의 요가의 수행을 통달하여 이루어진 신성의 힘이 인격적으로 화현(化現)된 신을 말한다. 다시 말하면 모든 수행법인 방편을 가지고 도달한 최고의 수행자라는 뜻이다.

그렇게 힘들게 모든 수행의 과정을 통하여 도달했기 때문에 모든 단계의 과정에 있는 사람들을 안내할 수가 있는 것이다.

नीलकण्ठय स्वाहा ।

(ᴅᴇᴠᴀɴᴀɢᴀʀɪ script line)

Nīlakaṇṭha svāhā

닐라칸타야 스바하|

(니라간타야 사바하)

닐라칸타(니라간타야)＝관세음보살, 푸른 목의 성스러운 존재, 청경성존 (靑頸聖尊)

스바하(사바하)＝모든 것을 이루게 하는 기원, 길상(吉祥)이 있을 지이다.

청경성존(靑頸聖尊)이시여, 성취케 하소서.

한글 주해

'닐라칸타(Nilakanta)'는 푸른 목을 지닌 성스러운 존재이다.

어떤 이는 이를 힌두교의 시바 신이나 크리쉬나(Krishna)또는 비쉬누 (Vishnu)신이라고도 말하지만, 그것은 아발로키데스바라인 관음보살의 한 부분만을 보고 말하는 것이다.

인도와 불교는 언제나 교류되었기 때문에 이 진화된 경전을 전체적으로 이해하지 못하여 나온 말일 것이다.

인도의 히말라야 산에는 닐라칸타 또는 닐칸트(Nilkant)라는 지명을 가진 산의 이름이 있다. 그 설산(雪山)에서 해가 뜨고 지는 것을 바라보면 너무나 아름답고 성스러운 모습을 하여 청정한 이름을 붙였다고 한다.

वरह मुख सिंह मुखय स्वाहा ।

पुरुरु मुख सिंह मुरवरु सुरवरु

Varaha mukha siṁha mukhaya svāhā

바라하 무카 심하 무카야 스바하|

(바라하 목카 싱하 목카야 사바하)

바라하(바라하)＝멧돼지

무카(목카)＝형상

심하(싱하)＝사자

무카(목카야)＝형상

스바하(사바하)＝모든 것을 이루게 하는 기원, 길상(吉祥)이 있을 지이다.

멧돼지 형상으로 나투시고,

사자 형상으로 나투신 관세음보살이시여,

성취케 하소서.

한글 주해

'바하라(Vahara)'는 인도의 경전 라마야나(Ramayana), 마하바라바타
(Mahavarata) 또는 바가바트 푸라나(Bhagavat Purana)에서 비쉬누의 열 가
지의 화신 중에 세 번째 화신으로 표현되었으며, 악마 '아수라(Asura)'를
물리치는 멧돼지로 화현하였다.

'심하(Simha)' 또한 비쉬누의 네 번째의 화신으로서 사자로 화현되어 아
수라를 물리친다.

무카는 형상을 말하며, 스바하는 모든 것을 이루게 하는 기원의 만트라를 말한다. 관세음보살의 수많은 다양한 모습으로 나투는 모습을 표현하고 보여주는 것이다.

पद्मा हस्ताय स्वाहा ।

ध र्घ र रा ऱु रु

Padmā hastāya svāhā

파드마 하스타야 스바하 |

(바나마 하따야 사바하)

파드마(바나마)＝연꽃

하스타야(하따야)＝지닌, 가진, 코끼리

스바하(사바하)＝모든 것을 이루게 하는 기원, 길상(吉祥)이 있을 지이다

연꽃을 지니신 관음이시여, 성취케 하소서.

한글 주해

연꽃을 의미하는 파드마(Padma)는 이 절에서는 인도의 창조의 신 브라흐마의 체계적인 표현 및 학문을 나타내며 유지의 비슈누 신의 권능을 표현한다. 하스타(Hasta)는 코끼리 또는 손을 의미한다. 파드마 하스타야(Padma Hastaya)는 "연꽃의 손을 지닌 이" 즉 아발로키데스바라인 관세음보살이라 말할 수가 있다.

상징적인 의미로 연꽃은 내면의 순수성과 아름다움을 말하고 코끼리는 가장 크고 강한 동물이며 권능을 상징한다. 이 두 가지의 모습이 관음보살의 내면의 아름다움과 내면의 힘과 권능(權能)일 것이다. 이것을 성취하게 하라는 명령과 암시와 신념과 확언이 이 스바하 또는 사바하라는 아름다운 진언 또는 만트라에 담겨 있는 것이다.

चक्र युक्तय स्वाहा ।

ㄱㅈㅎㄹㄹㅎ

Cakra yuktaya svāhā

차크라 육타야 스바하|

(자가라 욕다야 사바하)

차크라(자가라) = 원반(圓盤), 진리의 바퀴(法輪)

유다야(육타야) = 들다, 합쳐지다, 하나로 되다

스바하(사바하) = 모든 것을 이루게 하는 기원, 길상(吉祥)이 있을 지이다.

원반(圓盤) 또는 진리의 바퀴(法輪)를 드신 관음이시여,

성취케 하소서.

한글 주해

차크라(Chakra)는 진리의 바퀴를 말하며, '육타(Yukta)'는 하나로 된다, 든다라는 뜻이 있다. 이러한 차크라는 인도 신화에 비쉬누 신이 악마인 락샤사(Raksasa)들을 제거할 때 쓰는 무기이기도 하다. 모든 부정적인 에너지나 악의 원천인 부정적인 생각들을 제거하는 진리의 바퀴인 것이다.

부처님의 가르침을 이 진리의 바퀴인 차크라 또는 다르마차크라(Dharmachakra)로 표현된 것은 다양한 철학 체계와 규율을 표현하는 상징을 말하기도 한다. 이것은 인간의 몸과 마음을 하나로 연결하는 체계 또는 진리의 시스템을 말한다.

부처님의 팔정도(八正道)인 아르야아쉬탕가마르가(Aryashtangamarga)는 원반처럼 상징을 가지며 올바로 말하고, 행위하고, 생활하고, 정진하고,

알아차리고, 삼매에 들고, 시야를 가지고, 사유를 가지는 진리를 말한다.

이것은 실라(Sila)이며, 계율적(械)으로는

첫째는 삼약바크(Samyakvak)이며, 정어(正語)－올바로 말하는 것.
둘째는 삼약카르마타(Samyakakarmata)이며, 정업(正業)－올바로 행동하는 것.
셋째는 삼약가지바(Samyakgajiva)이며, 정명(正命)－올바로 생활하는 것인 사마디(Samadhi)이며, 삼매(定)에 들기 위해서는
넷째는 삼약그브야야마(Samyakgvyayama)이며, 정근(正精進)－올바로 부지런히 노력하는 것.
다섯째는 삼약크스므르티(Samyakgvyayama)이며, 정념(正念)－올바로 알아차리는 것.
여섯째는 삼약크사마디(Samyaksamadhi)이며, 정정(正定)－올바로 마음을 안정하는 것이다.
프라즈나(Prajna)이며, 지혜(慧)를 얻기 위해서는
일곱번째는 삼약드르스티(Samyakdrsthi)이며, 정견(正見)－올바로 보는 것.
여덟번째는 삼약드르스티(Samyaksamkalpa)이며, 정사유(正思惟)－올바로 생각하는 것.

शङ्ख शब्दनि बोधनाय स्वाहा।

𑀲𑀂𑀈 𑀲𑀂𑀃𑀇 𑀧𑁆𑀭𑀭 𑀲𑁆𑀢

Śaṅkha śabdni bodhanāya svāhā

상카 사브다니 보다나야 스바하|

(샹카섭나녜 모다나야 사바하)

상카(샹카)＝법라(法螺), 소라

사브다니(섭나녜)＝소리(音)

보다나야(모다나야)＝깨달음

스바하(사바하)＝모든 것을 이루게 하는 기원, 길상(吉祥)이 있을 지이다.

진리의 소리 법라(法螺)로 깨닫게 하시는 관음이시여,

성취하게 하소서.

한글 주해

'상카(Sanka)'는 소라고동 나팔을 일컫는데, 인도에서는 전쟁을 할 때나 의식을 할 때 소라고동나팔을 불어 부정적인 에너지나 악마를 몰아내기 위해 쓰인다. '사브다(Sabda)'는 '소리'를 의미하는 것으로서 모든 소리를 보는 관음의 의미와도 상통한다.

그것은 상카사브다의 소라고동 소리를 통하여 보다나야(Bodanaya), 즉 깨달음으로 이끈다는 것이다.

소리는 외부적인 소리도 있지만 내면의 소리 또는 우주의 소리도 있다. 그 소리의 파동을 듣는다는 것이 나다(Nada)이다. 그러한 우주의 소리를 내면으로 고요하게 집중을 하면 다양한 내면의 우주의 소리가 들린다.

관음보살의 우주적인 형상과 소리가 힘들고 거친 세상의 중생들의 삶을
부드럽게 해준다.

사람의 몸을 마치 히말라야의 동굴이나 모스크 사원에 비유를 한다면 소
리가 울리는 것의 공명이 아주 길고 오랫동안 울려 퍼지며 공명을 한다.

그러한 소리의 끝에서부터 내면의 소리가 시작된다. 마치 바람소리와 풀
벌레 소리와 천둥번개의 소리가 외부의 소리가 아닌 내면에서 들려오는
것이다. 관세음보살의 미세하고 강력한 진동의 소리인 것이다.

महा लकुटा धरय स्वाहा ।

ꢪꢲꢬ ꢑꢲ ꢱꢲꢬ ꢰꢲ

Mahā lakuṭā dhraya svāhā

마하 라쿠타다라야 스바하 |

(마하라 구타 다라야 사바하)

마하(마하) = 거대한, 큰

라쿠타(라구타) = 금강저(金剛杵), 방망이, 곤봉

다라(다라야) = 잡다, 입다, 옮기다

스바하(사바하) = 모든 것을 이루게 하는 기원, 길상(吉祥)이 있을 지이다.

커다란 금강저(金剛杵)를 지니신 관음이시여,

성취하게 하소서.

한글 주해

'라쿠타(Lakuta)' 는 방망이나 곤봉을 또는 금강저(金剛杵)를 의미한다. '마하 라쿠타(Maha Lakuta)' 라고 한 것은 거대한 방망이를 든 관음이라고 볼 수가 있다. 마하라쿠타는 모든 부정적인 에너지를 평정하는 막대기 또는 방방이인 금강저를 말하는 것이다.

라쿠타나 한자로 금강(金剛)으로 번역되는 바즈라(Vajra)는 천둥번개를 다스리는 인드라(Inadra) 또는 제석천(帝釋天)의 무기라고도 한다. 이 금강저는 인간들의 번뇌를 부숴버리고 사라지게 하며 지혜의 보리심(菩提心)을 일으키는 상징으로도 알려져 있다.

이것은 서양의 신의 아버지인 제우스(Zeus)신이 천둥과 벼락을 무기로 삼았듯이 동서양의 신들이 서로 천둥과 번개를 무기로 사용했다는 것은 서로가 문화적인 교류가 있지 않았을까?

वाम स्कान्धः देशः स्थित कृष्णाजिनाय स्वाहा ।

ㅈㅈ ㅋ ㈜ (ㅈㅈ ㈜ㅈ ㄷㅆ (ㅈㅈㄹ ㄱㅎ

Vāma skāndhaḥ deśaḥ stitha kṛṣṇajināya svāhā

바마 스칸다흐 데샤흐 스티타 크리쉬나지니야 스바하|

(바마 사간타 이사 시체다 가릿나 이나야 사바하)

바마(바마)=왼쪽

스칸다흐(사간타)=어깨, 나무의 줄기

데샤흐(이사)=부분, 공간, 지역

스티타(시체타)=거하다, 존재하다

크리쉬나(가릿나)=검은

아지나야(이나야)=피부를 가진, 몸을 가진,

스바하(사바하)=모든 것을 이루게 하는 기원, 길상(吉祥)이 있을 지이다.

왼쪽 어깨에 검은 서상(瑞相)을 하신 관음이시여,

성취하게 하소서.

한글 주해

크리쉬나(Krishna)는 인도의 유지의 신인 비쉬누 신의 여덟 번째 화신으로 검은 얼굴을 하였으며 인도고대의 대사시 마하바라타(Mahabarata)의 주인공이기도하다. 크리쉬나의 얼굴은 검은 색을 띄었다고 한다.

인도의 신화나 불교의 신화 및 역사는 비슷한 것이 많다. 붓다 탄생 기원 전 6세기 전부터 불교가 인도에서 사라지고 동남아와 중국과 티벳과 동북

아로 넘어오던 서기 11세기 이후까지 서로의 영향 속에서 성장하고 교류
하였다.

대표적인 예를 들면 인도 중 서부의 데칸고원 산맥의 아잔타(Ajanta)와 엘
로라(Elora)석굴 군(群)을 보면 불교를 중심으로 힌두교, 자이나교의 석굴
이 같이 공존하면서 존재하는 것을 볼 수가 있다.

관세음보살은 인도와 중국과 티벳과 한국과 일본의 종교와 신화와 예술
이 만나 이루어낸 위대하고 아름다운 성스러운 선물이다. 모든 것을 품어
주고 보듬어 주어 포용하는 위대한 어머니이다. 건조하고 거친 삶과 수행
의 길에서 푸근하고 넉넉한 마음으로 쉬어가게 해주는 위대한 신성(神聖)
이기에 매력적이기도 하다.

관세음보살에 대한 염원이나 희망은 사람들을 내면적으로 성스러운 어머
니의 푸근한 매력에 이끌리게 한다. 이러한 한계 있고 찌든 현대사회의 구
조에 시달리는 팍팍하고 메마른 영혼들에게 관음보살의 존재와 가피(加
被)는 삶의 감로의 단비가 되는 것이다.

व्याघ्र चर्म निवसनाय स्वाहा ।

ㅋㅣㅂ ㅋ ㅋ(ㅅㅣㅇ) ㅋㅋㅋㄹ ㅉㅎ

Vyāghra carma nivasanāy svāhā

브야그라 차르마 니바사나야 스바하|

(마가라잘마 이바 사나야 사바하)

브야그라(마가라)＝호랑이

차르마(잘마)＝가죽

니바사나야(이바사나야)＝옷, 거하는 곳

스바하(사바하)＝모든 것을 이루게 하는 기원, 길상(吉祥)이 있을 지이다.

호랑이 가죽 옷을 두른 관음이시여,

성취하게 하소서.

한글 주해

인도에서 수행자들이 사슴가죽을 깔고 호랑이 가죽을 몸에 둘렀다는 얘기는 직접 살생을 한 것이 아니라, 맹수나 동물들이 스스로 위대한 수행자들 옆에 와서 몸을 떠나기 때문이라고 이야기 한다.

남 인도에서는 정글에서 동물들이 많은 곳에서 수행하는 수행자들이 있다. 자연과 동물과 하나된다는 것을 상징하는 것일 수가 있다.

티벳 불교의 수행자들은 추운 히말라야의 오지에서 내면으로 들어가 수행을 한다. 남방불교의 수행자들은 정글에서 수많은 곤충이나 동물들이 존재하는 가운데에서도 친숙하게 수행을 한다.

위대한 자연은 바로 관세음보살의 넉넉한 품이기 때문이다.

नमो रत्न त्रयाय नम आर्यवलोकितेश्वारय स्वाहा ॥

ॾ ᳘ ᳘ ᳘ ᳘ ᳘ ᳘ ᳘ ᳘ ᳘ ᳘ ᳘ ᳘ ᳘ ᳘ ᳘ ᳘

Namo ratna trayāya āryavalokiteśvāraya svāhā

나모 라트나 트라야야 나마 아르야발로키테스바라야 스바하||

(나모라 다나다라 야야 나막알야 바로기제 새바라야 사바하)

나마흐(나모)＝귀의하다

라트나(라 다나)＝보물

트라이(다라)＝세 가지

야흐(야야)＝~에게

나마흐(나막)＝귀의하다

아르야(알약)＝고귀한

아발로키타(바로기제)＝보다, 관찰하다, 명상하다

이스바라흐(새바라야)＝인격신, 스승, 위대한 자

아르야발로키테스바라(알약바로기제새바라야)＝관세음보살

스바하(사바하)＝모든 것을 이루게 하는 기원, 길상(吉祥)이 있을 지이다.

삼보(三寶)에 귀의하옵나니,

관음대성존(觀音大聖尊)이시여,

성취하게 하소서.

한글 주해

삼보(三寶) 즉 세가지의 귀한 보물은 불교의 핵심인 불법승(不法僧)이며
깨달은 이인 부처님과 그의 가르침인 법과 스님들의 단체와 재가불자를

합친 불교의 출세간의 가르침의 체계적인 시스템의 단체이며 그러한 모든 과정을 자애롭게 보듬어주는 관세음의 성스러운 가피에 귀의한다는 뜻 일것이다. 마지막으로 스바하(Svaha)라는 뜻은 산스크리트어로 중요한 뜻을 지닌다.

"기원하다, 소망하다, 영원하다, 부르다, 도전하다, 이미 그렇게 되어있다."라고 하며 인도의 불의 의식인 아그니 호마(Agni Homa)의식에서 바친다는 말로 후렴구로 부른다.

제3장

신묘장구대다라니
암송

신묘장구대다라니 전체 암송하기

आर्यावलोकितेश्वराया महा कारुन धरनि

Āryavalokiteśvārayā Mahā Kāruna Dharāni

아르야발로키테스바라야 마하 카루나 다라니

신묘장구대다라니(神妙章句大陀羅尼)

नमो रत्नत्रयाय ॥

Namo ratna trayāya

나모 라트나트라야야 ||

नमः अर्यावलो कितेश्वाराय बोधिसत्त्वाय

Namaḥ aryaḥ avalokiteśvāraya Bodhisattvāya

나마흐 아르야발로키테스바라야 보디사뜨바야

महासत्त्वाय महाकारुणिकाय ।

Mahāsattvāya Mahākāruṇikaya

마하사뜨바야 마하카루니카야|

हु सर्वं भयेषु त्राणकराय तस्मै नम ।

OṀ sarvā bhayeṣu Trāṇakaraya tasmai Namaḥ

옴 사르바 바예슈 트라나 카라야 타스마이 나마

कृत्वैमम् आर्यावलोकितेश्वार स्तवम्।

kṛtvā Īmām aryāvalokiteśvāra tava

크리트바이맘 아르야발로키테스바라 스타밤|

नीलकण्ठय नामः हृदयमावर्तयिस्यामि।

Nīlakaṇṭha namaḥ hṛdayam avartayiṣyāmi

닐라칸타 나마 흐리다야마바르타이스야미||

सर्वर्थं साधनम् शुभम् अजेयम्

Sarvārthāsadhanām śubham ajeyaṁ

사르바르타 사다남 수밤 아제얌

सर्व भूतानाम् भव मार्ग विशोधकम् तद् यथा॥

Sarvābhūtānāṁ bhava margaviśudhakaṁ Tad yathā

사르바 부타남 바바 마르가 비소다캄 타드 야타||

हु आलोके आलोकमति लोकातिक्रान्ते ह्ये ह्ये हरे।

OṀ aloke alokemati lokātikrānte he he hāre

옴 알로케 알로카마티 로카티크란테 헤 헤 하레|

महाबोधिसत्त्व स्मर स्नर हृदयम्।

Mahā bodhisattvā smara smara hṛdayam

마하보디사뜨바 스마라 스마라 흐리다얌|

कुरु कुरु कर्म साधय साधय

kuru kuru karma sādhaya sādhaya

쿠루 쿠루 카르마 사다야 사다야

धुरु धुरु वियन्ति महावियन्ति ॥

Dhuru dhuru viyānte mahāviyānte

두루 두루 비르얀티 마하비르얀티||

धर धर धरनिम्धरेश्वर ।

Dara dara daranimdareśvāra

다라 다라 다라님다레스바라|

चल चल मल्ल विमिल अमलमूर्त्तें ।

Cala cala mala vimala amalamūrte

찰라 찰라 말라 비말라 아말라무르테|

एहि एहि ।

Ehye hye

에히 에히|

लोकेश्वर राग विषं विनाशाय

Lokeśvārā rāga viṣa vināśaya

로케스바라 라가 비샴 비나사야

द्वेष विषं विनाशाय मोहा जाल विषं विनाशाय ।

Dveṣa viṣa vināśaya mohā jāla viṣa vināśaya

드베샴 비샴 비나사야 모하 잘라 비샴 비나사야|

हुलु हुलु मल्लु हुल हरे पद्मनाभ

Huru huru mala huru hare padmanābhā

훌루 훌루 말라 훌루 하레 파드마나바

सारसार श्रिश्रि स्रुस्रु बुद्धया बुद्धया

Sāra sāra śiri śiri sru sru buddhya buddhya

사라사라 시리시리 스루스루 부뜨야 부뜨야

बोधय बोधय ।

Bodhaya bodhaya

보다야 보다야|

मैत्रीय नीलकण्ठ कामस्य दर्शनम्

Maitrīya nīlakaṇṭha kamasya darśanam

마이트리야 닐라칸타 카마스야 다르사남

प्रह्लादाय मनः स्वाहा सिद्धाय स्वाहा ।

Prahladaya mānaḥ svāhā siddāya svāhā

프라흘라다야 마나흐 스바하 시따야 스바하|

महा सिद्धाय स्वाहा ।

Mahā siddāya svāhā

마하 시따야 스바하|

सिद्धा योश्चरय स्वाहा ।

Siddhā yogeśvāraya svāhā

시따 요게스바라 스바하|

नीलकण्ठय स्वाहा ।

Nīlakaṇṭha svāhā

닐라칸타야 스바하|

वराह मुख सिंह मुखाय स्वाहा ।

Varaha mukha siṁha mukhaya svāhā

바라하 무카 심하무카야 스바하|

पद्म हस्ताय स्वाहा ।

Padmā hastāya svāhā

파드마 하스타야 스바하|

चक्र युक्तय स्वाहा ।

Cakra yuktaya svāhā

차크라 유크타야 스바하|

शङ्ख शब्दनि बोधनाय स्वाहा ।

Śaṅkha śabdni bodhanāya svāhā

상카 사브다니 보다나야 스바하|

महा लकुता धराय स्वाहा ।

Mahā lakuṭā dhraya svāhā

마하 라쿠타 다라야 스바하|

वाम स्कन्धः देशः स्थित कृष्णाजिनाय स्वाहा ।

Vāma skāndhaḥ deśaḥ stitha kṛṣṇajināya svāhā

바마 스칸다 데사 스티타 크리쉬나지나야 스바하|

व्याघ्र चर्म निवासनाय स्वाहा ।

Vyāghra carma nivasanāy svāhā

브야그라 차르마 니바사나야 스바하|

नमो रत्न त्रयाय नम आर्यावलोकितेश्वराया स्वाहा ॥

Namo ratna trayāya āryavalokiteśvāraya svāhā

나모 라트나 트라야야 나마 아르야발로키테스바라야 스바하||

제4장

신묘장구대다라니
분석

1. 신묘장구대다라니 산스크리트

आर्यावलोकितेश्वराया महा कारुन धरनि

नमो रत्नत्रयाय ॥
नमः अर्यावलोकितेश्वाराय बोधिसत्त्वाय
महासत्त्वाय महाकारुनिकाय ।
हु सर्व भयेषु त्राण कराय तस्मै नम ।
कृत्वैमम् आर्यावलोकितेश्वार स्तवम् ।
नीलकन्थ नाम हृदयमावर्तयिस्यामि ।
सर्वार्थ साधनम् शुभम् अजेयम्
सर्व भूतानाम् भव मार्ग विशोधकम् तद् यथा ॥
हु आलोके आलोकमति लोकातिक्रान्ते
ह्ये ह्ये हरे ।
महाबोधिसत्त्व स्मर स्नर हृदयम् ।
कुरु कुरु कर्म साधय साधय
धुरु धुरु विर्यन्ति महाविर्यन्ति ॥
धर धर धरनिम्धरेश्वर ।
चल चल मल्ल वमिल अमलमूर्त्तें ।
एहि एहि ।
लोकेश्वर राग विषं विनाशय
द्वेश विषं विनाशय मोह जाल विषं विनाशय ।
हुलु हुलु मल्लु हुल हरे पद्मनाभ
सारसार श्रिश्रि स्रुस्रु बुद्धया बुद्धया
बोधय बोधय ।
मैत्रीय नीलकण्ठय कामस्य दर्शनम्

प्रह्लादाय मनः स्वाहा सिद्धाय स्वाहा ।
महा सिद्धाय स्वाहा ।
सिद्धा योश्वरय स्वाहा ।
नीलकण्ठय स्वाहा ।
वराह मुख सिंह मुखाय स्वाहा ।
पद्म हस्ताय स्वाहा ।
चक्रायुधाय स्वाहा ।
शङ्ख शब्दनि बोधनाय स्वाहा ।
महा लकुता धराय स्वाहा ।
वाम स्कन्ध देस स्थित कृष्णाजिनाय स्वाहा ।
व्याघ्र चर्म निवासनाय स्वाहा ।
नमो रत्न त्रयाय नम आर्यावलोकितेश्वराया स्वाहा ॥

2. 신묘장구대다라니 로마나이즈

Namo ratna trayāya

Namaḥ aryaḥ avalokiteśvāraya

Bodhisattvāya Mahāsattvāya

Mahākāruṇikaya

OṀ sarvā bhayeṣu

Trāṇakaraya tasmai

Namaḥ skṛtvā

Īmām aryāvalokiteśvāra tava

Nīlakaṇṭha namaḥ hṛdayam avartayiṣyāmi

Sarvārthāsadhanām śubham ajeyaṁ

Sarvābhūtānāṁ bhavamargaviśudhakaṁ

OṀ aloke alokemati lokātikrāntehehehāre

Mahā bodhisattvā smara smara hṛdayam

kuru kuru karma sādhaya sādhaya

Dhuru dhuru viyānte mahāviyānte

Dara dara daranimdareśvāra

Cala cala mala vimala amalamūrte

Ehye hye

Lokeśvārā rāga viṣa vināśaya

Dveṣa viṣa vināśaya mohājāla viṣa vināśaya

Huru huru mala huru hare padmanābhā

Sāra sāra śiri śiri sru sru buddhya buddhya

Bodhaya bodhaya

Maitrīya nīlakaṇṭha kamasya darśanam

Prahladaya mānaḥ svāhā siddāya svāhā

Mahā siddāya svāhā

Siddhā yogeśvāraya svāhā

Nīlakaṇṭha svāhā

Varaha mukha siṁha mukhaya svāhā

Padmā hastāya svāhā

Cakra yuktaya svāhā

Śaṅkha śabdni bodhanāya svāhā

Mahā lakuṭā dhraya svāhā

Vāma skāndhaḥ deśaḥ stitha kṛṣṇajināya svāhā

Vyāghra carma nivasanāy svāhā

Namo ratna trayāya āryavalokiteśvāraya svāhā

3. 신묘장구대다라니 산스크리트어 한글표기

아르야발로키테스바라야 마하 카루나 다라니

(아르야왈로끼떼스와라야 마하 까루나 다라니)

나모 라트나트라야야 | |

(나모 라뜨나뜨라야야)

나마흐 아르야발로키테스바라야 보디사뜨바야

(나마흐 아르야왈로끼떼스와라야 보디뜨바야)

마하사뜨바야 마하카루니카야 |

(마하뜨와야 마하까루니까야)

옴 사르바 바예슈 트라나 카라야 타스마이 나마

(옴 싸르와 브하예수 뜨라나 까라야 따스마이 나마)

크리트바이맘 아르야발로키테스바라 스타밤 |

(끄리트바이맘 아르야왈로끼떼스와라 스따왐)

닐라칸타 나마 흐리다야마바르타이스야미 | |

(닐라깐타 나마 흐리다야마바흐따이스야미)

사르바르타 사다남 수밤 아제얌

(사르와르타 싸다남 쑤밤 아제얌)

사르바 부타남 바바 마르가 비소다캄 타드 야타 | |

(싸르와 부따남 바바 마르가 위쑤다캄 따드야타)

옴 알로케 알로카마티 로카티크란테 헤 헤 하레 |

(옴 아로께 아로까마티 로까띠끄란떼 헤 헤 하레)

마하보디사뜨바 스마라 스마라 흐리다얌 |

(마하보디뜨바 쓰마라 쓰마라 흐리다얌)

쿠루 쿠루 카르마 사다야 사다야

(꾸루 꾸루 까르마 싸다야 싸다야)

두루 두루 비르얀티 마하비르얀티||

(두루 두루 위르얀티 마하위르얀티)

다라 다라 다라님다레스바라|

(다라 다라 다라니드레스와라)

찰라 찰라 말라 비말라 아말라무르테|

(짜라 짜라 마라 위마라 아마라무르떼)

에히 에히|

(에흐 에헤)

로케스바라 라가 비샴 비나사야

(로께스와라 라가 위삼 위나싸야)

드베삼 비샴 비나사야 모하 잘라 비샴 비나사야|

(드베삼 위삼 위나싸야 모하 자라 위삼 위나싸야)

훌루 훌루 말라 훌루 하레 파드마나바

(후루 후루 마라 후루 하레 빠드마나바)

사라사라 시리시리 스루스루 부뜨야 부뜨야

보다야 보다야|

(싸라싸라 씨리씨리 쓰루쓰루 분다야 분다야 보다야 보다야)

마이트리야 닐라칸타 카마스야 다르사남

프라흘라다야 마나흐 스바하 시따야 스바하|

(마이뜨리야 닐라깐타 까마쓰야 다르싸남

쁘라흐리다야 마나흐 스와하 디야 스와하)

마하 시따야 스바하 |

(마하 다야 스와하)

시따 요게스바라 스바하 |

(다 요게스와라 스와하)

닐라칸타야 스바하 |

(닐라깐타야 스와하)

바라하 무카 심하무카야 스바하 |

(바라하 무카 씽하무카야 스와하)

파드마 하스타야 스바하 |

(빠드마 하스따야 스와하)

차크라 유다야 스바하 |

(짜끄라 육따야 스와하)

상카 사브다니 보다나야 스바하 |

(상카 싸브다네 보다나야 스와하)

마하 라쿠타 다라야 스바하 |

(마하 라꾸따 다라야 스와하)

바마 스칸다 데사 스티타 크리쉬나지나야 스바하 |

(와마 스깐다 데사 스띠따 끄리쉬나지나야 스와하)

브야그라 차르마 니바사나야 스바하 |

(브야그흐라 짜르마 니와싸나야 스와하)

나모 라트나 트라야야 나마 아르야발로키테스바라야 스바하 | |

(나모 라뜨나 뜨라야야 나마 아르야왈로키떼스와라야 스와하)

4. 신묘장구대다라니 한자어 한글표기

나모라 다나다라 야야

나막알약 바로기제 새바라야 모지사다바야

마하 사다바야마하가로 나가야

옴살바바예수 다라나가라야 다사명 나막

까리다바 이맘알야 바로기제 새바라다바

니라간타 나막하리나야 마발다 이사미

살발타 사다남 수반아예염

살바보다남 바바말야 미수다감 다냐타

옴 아로계 아로가 마지로가 지가란제

혜혜하례

마하모지사다바 사마라 사마라 하리나야

구로 구로 갈마 사다야 사다야

도로도로 미연제 마하미연제

다라다라 다린나례 세바라

자라자라 마라 미마라 아마라 몰제 예혜혜

로계 새바라 라야 미사미 나사야

나베 사미사미 나사야 모하자라 미사미 나사야

호로호로 마라호로 하례 바나마 나바

사라사라 시리시리 소로소로 못쟈못쟈

모다야 모다야

메다리야 니라간타 가마사 닐사남

바라 하라나야 마낙 사바하 싣다야 사바하

마하 싣다야 사바하

싣다유예 새바라야 사바하

니라간타야 사바하

바라하 목카 싱하 목카야 사바하

바나마 하따야 사바하

자가라 욕다야 사바하

상카섭나녜 모다나야 사바하

마하라 쿠타다라야 사바하

바마 사간다 이사시체나 가릿나 이나야 사바하

먀가라잘마 아바사나야 사바하

나모라 다나다라 야야 나막알야 바로기제 새바라야 사바하

5. 신묘장구대다라니 실담어

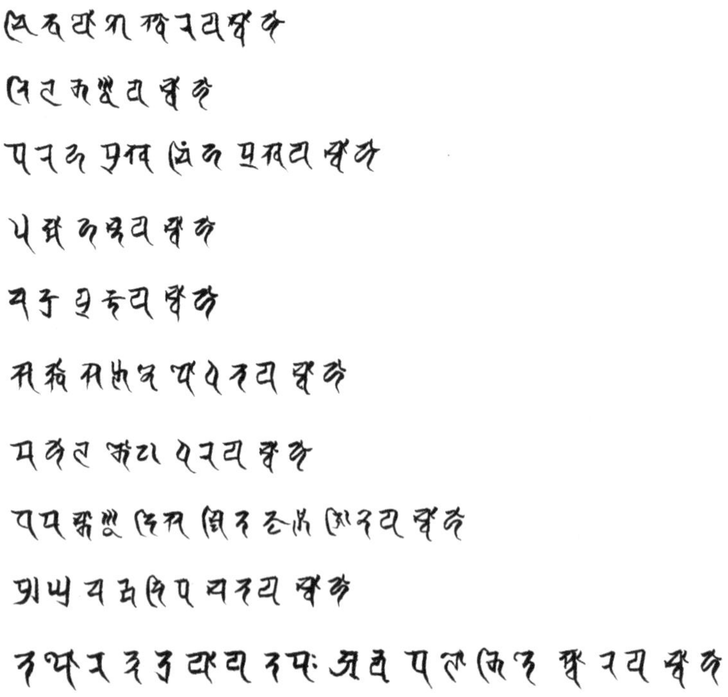

6. 신묘장구대다라니 한글해석

삼보(三寶)에 귀의합니다.

거룩하신 관세음보살님, 대자대비(大慈大悲)하신 관세음보살님께 귀의합니다.

옴, 우주 본질 일체의 공포로부터 지켜주시는 그대, 이제 성스러운 관자재보살님께 귀의하여 거룩하신 위신력이 펼쳐집니다.

마음속 깊이 청경성존인 관자재보살에게 자신을 내맡겨 마음속 깊이 진언을 반복하옵니다.

이 진언은 모두를 이롭게 하는 경지를 성취할 것이며, 지고의 최고의 행운의 경지에 올라 일체 이 세상에 출현한 중생들을 정도(正道)로 이끌어 청정의 길로 나아가게 하는 것이옵니다.

옴, 내면세계 빛이여, 내면세계 빛의 통찰자이시여, 세상을 넘어서는 초월자이신 관세음이시여, 오! 끊임없이 정진 하겠나이다, 따르겠나이다.

대보살님이시여, 기억해주소서, 언제나 마음에 새겨 주소서.
행할 바를 행해주소서. 위대한 승리자이신 관세음이시여, 항상 우리를 보호해주소서.

보호자이시며 자재자이신 관세음이시여, 순수하며 흠이 없고 청정하게 화현(化現)하셨으며, 일체 번뇌로부터 해탈하신 관세음이시여, 어서 빨리 나투어 주소서.

세상의 자재자이신 관세음이시여, 탐욕(貪)의 독심(毒心)을 끊어 주소서, 진심(瞋心)인 분노와 증오의 독심을 끊어 주소서, 치심(癡心)인 어리석음의 독심을 끊어 주소서.

몸의 중심인 배꼽에서 연꽃이 피어나시는 관세음이시여, 순수하지 않음을 제거해 주소서, 내려오소서, 내려오소서, 아래로 오소서, 아래로 오소서, 드러 나소서 드러 나소서. 지혜의 깨달음을 얻게 하소서.

자애로우시며 푸른 목을 지니신 청경관음(靑頸觀音) 이시여, 애욕으로부터 벗어 나도록 지켜주시고 힘을 주소서, 원(願)하는 이들이 모든 것을 이루고 성취케 하소서.

대성취존(大成就尊)이시여, 성취케 하소서.

최고의 수행을 완성하신 자재자(自在者)이시여, 성취케 하소서.

청경성존(靑頸聖尊)이시여, 성취케 하소서.

멧돼지 형상으로 나투시고, 사자 형상으로 나투신 관세음보살이시여, 성취케 하소서.

연꽃을 지니신 관음이시여, 성취케 하소서.

원반(圓盤) 또는 진리의 바퀴(法輪)를 드신 관음이시여 성취케 하소서.

진리의 소리인 법라(法螺))로 깨닫게 하시는 관음이시여, 성취하게 하소서.
커다란 금강저(金剛杵) 지니신 관음이시여, 성취하게 하소서.

왼쪽 어깨에 검은 서상(瑞相)을 하신 관음이시여, 성취하게 하소서.

호랑이 가죽 옷을 두른 관음이시여, 성취하게 하소서.

삼보(三寶)에 귀의하옵나니, 관음대성존(觀音大聖尊)이시여, 성취하게 하소서.

부록

찾아보기&
산스크리트
실담어발음

찾아보기

가

가야트리(Gayatri) -인도 최초의 경전 리그베다에 나오는 만트라 또는 진언

구마라습-산스크리트어로 쿠마라지바(Kumarajiva)이며 현장스님과 함께 산스크리트어 불경을 한자로 옮긴 학승

금강저(金剛杵)-바즈라(Vajra) 로 알려져 있으며 불교, 힌두교, 자이나교에 성스러운 것의 상징.

나

나마(Nama) -인도어로 귀의하다는 뜻

닐라칸타(Nilakanta)- 푸른 목을 가진 성스러운 존재

다

다라니(Darani) -진언(眞言), 성스러운 소리

라

라가(Raga) -탐욕

리그 베다(Rig Veda) -인도의 최초의 경전

마

마이트리(Maitri)-미륵불(彌勒佛)인 마이트레야(Maitreya)의 어원이며 사무량심(四無量心)의 자(慈)로 번역이 되는 어원

마하(Maha) −위대한, 큰

만두캬 우파니샤드(Mandukya Upanishad)−인도의 고대 주요 경전

모카흐(Mokah)− 어리석은

바

보살(菩薩)−산스크리트어로 보디사트바(Bodisattva)이며 나와 다른 이 또
는 중생을 동시에 발전시키고 구한다는 마음을 지닌 대승불교의 핵심사
상을 하는 이

법라(法螺) − 산스크리트어로 상카(Sankha)이며 진리의 소리를 내는 악기

비쉬누(Vishnu) −인도의 주요 3신중의 하나이며 유지의 신

사

사브다(Sabda) −소리를 말한다.

삼보(三寶)−불교의 핵심이며 세 가지의 보물인데 첫째는 부처님(佛)이
며 붓다이고 둘째는 부처님의 가르침(法)이며 다르마이며 세번째는 승
단(僧團)이며 스님들의 공동체를 말한다.

사무량심(四無量心)−불교의 가르침 중에 가장 중요한 4가지의 가르침
인데 자비희사(慈悲喜捨)를 말하며 나와 다른이를 동시에 발전시킨다는
덕목이다.

수트라(Sutra)−경전(經典)이라고도 해석이 되며 성스러운 말을 말하기
도 한다.

싯담(Sidham)어-산스크리트의 변형된 언어로서 중국과 한국과 일본에서 경전에 많이 쓰여졌다.

십일면관음(十一面觀音)-11개의 얼굴의 가진 관음보살이며 산스크리트어로 에카다사무카 보디사뜨바(Ekādaśamuka Bodhisattva)이다.

아

아스타 시띠(Asta Siddhi)-8가지의 초능력을 말한다.

요게스바라(Yogesvara)-신성의 힘이 인격적으로 화현 된 것을 말한다.

차

천수천안(千手千眼)-천 개의 손과 눈을 가지고 중생을 보호한다는 관세음보살을 말한다.

청정관음(淸淨觀音)-자애롭고 푸른 목을 지닌 관음보살

총지(總持)-위대하여 언제나 고귀하여 잊어버리지 않고 간직하는 것

카

카루나(Karuna)-자(慈) 또는 자비(慈悲)를 말한다.

크리쉬나(Krishna)-인도 비쉬누 신의 8번째 화

파

프라스나 우파니샤드(Prasna Upanishad)-인도의 고대경전

파드메(Padme)-연꽃을 말한다.

하

하스타(Hasta)-코끼리

현장(玄奘) 스님–당나라시대의 많은 산스크리트 불교경전을 한역한 최고
의 학승

산스크리트(梵語) 발음

모음

अ   A

आ   Ā (길게)

इ   I

ई   Ī (길게)

उ   U

ऊ   Ū (길게)

ऋ   Ṛi

ॠ   Ṛī (길게)

ऌ   Ḷi

ए   E

ऐ   AI

आ   O

आ   AU

अं   AM (주로 ㅁ 또는 ㄴ 받침)

अः   AH

자음

1. 후음   क ka   ख kha   ग ga   घ gha   ङ ṅa
2. 구개음   च cha   छ chha   ज ja   झ jha   ञ ña   य ya   श śa
3. 반설음   ट ṭa   ठ ṭha   ड ḍa   ढ ḍha   र ra   ष sha
4. 치음   त ta   थ tha   द da   ध dha   न na   ल la   स sa
5. 순음   प pa   फ pha   ब ba   भ bha   म ma   व va
6. 기음   ह ha

실담어(悉曇語) 발음

모음

𑖀 A

𑖁 Ā (길게)

𑖂 I

𑖃 Ī (길게)

𑖄 U

𑖅 Ū (길게)

𑖆 Ṛi

𑖇 Ṛī (길게)

𑖈 Ḷi

𑖉 Ḷī (길게)

𑖊 E

𑖋 AI

𑖌 O

𑖍 AU

𑖎 AM (주로 ㅁ 또는 ㄴ 받침)

𑖏 AH

자음

1. 후음(喉音)　𑀓 ka　𑀔 kha　𑀕 ga　𑀖 gha　𑀗 ṅa

2. 구개음(口蓋音)　𑀘 cha　𑀙 chha　𑀚 ja　𑀛 jha　𑀜 ña

3. 반설음(半舌音)　𑀟 ṭa　𑀠 ṭha　𑀡 ḍa　𑀢 ḍha　𑀣 ṇa

4. 치음(齒音)　𑀢 ta　𑀥 tha　𑀤 da　𑀥 dha　𑀦 na

5. 순음(脣音)　𑀧 pa　𑀨 pha　𑀩 ba　𑀪 bha　𑀫 ma

6. 반모음(半母音)　𑀬 ya　𑀭 ra　𑀮 la　𑀯 va

7. 마찰음(摩擦音)　𑀰 śa　𑀱 ṣa　𑀲 sa

8. 기음(基音)　𑀳 ha

<참고>
이 책에 발음된 산스크리트어에서

모음
A와 Ā는 모두 '아' 로,
I와 Ī는 모두 '이' 로,
U와 Ū는 모두 '우' 로,
Ṛi와 Ṛī는 모두 '리' 로 표기하였으며,

자음
ka와 kha 발음은 모두 '카' 로 표기하였으며,
ga와 gha 발음은 모두 '가' 로,
ja와 jha 발음은 모두 '자' 로,
ta와 tha, ṭa와 ṭha 발음은 모두 '타' 로,
cha와 chha 발음은 모두 '차' 로,
da와 dha, ḍa와 ḍha 발음은 모두 '다' 로,
pa와 pha 발음은 모두 '파' 로,
ba와 bha와 va 발음은 모두 '바' 로,
s와 ś 발음은 모두 '사' 로, sha 발음은 '샤' 로 표기하였다.
그리고
Na와 ña 발음은 모두 '나' 로, ṅa 발음은 주로 'o' 받침으로 표기하였다.